Impressum
Verlag: BABADADA GmbH, Nedderfeld 112 , 22529 Hamburg
Geschäftsführer / Verlagsleitung: Harald Hof
Druck: Books on Demand GmbH, In de Tarpen 42, 22848 Norderstedt

Imprint
Publisher: BABADADA GmbH, Nedderfeld 112 , 22529 Hamburg, Germany
Managing Director / Publishing direction: Harald Hof
Print: Books on Demand GmbH, In de Tarpen 42, 22848 Norderstedt

shule
sekolo

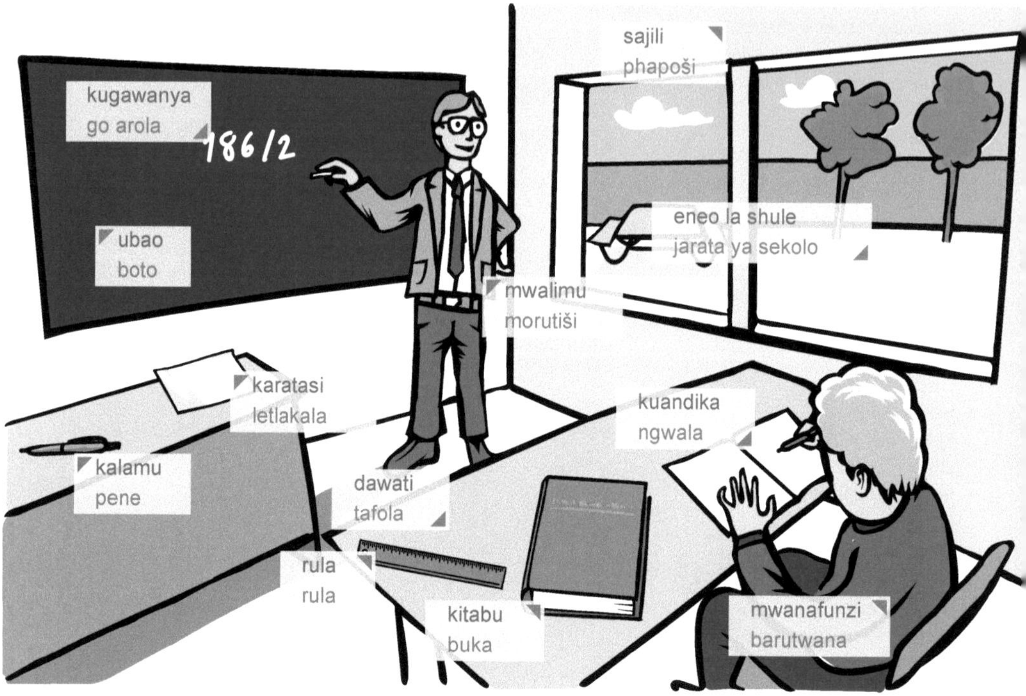

sajili
phaposi
kugawanya
go arola
186/2
ubao
boto
eneo la shule
jarata ya sekolo
mwalimu
morutiši
karatasi
letlakala
kuandika
ngwala
kalamu
pene
dawati
tafola
rula
rula
kitabu
buka
mwanafunzi
barutwana

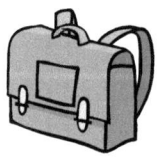

mkoba
peke

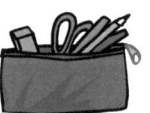

kikasha cha penseli
kheise ya phensele

penseli
phensele

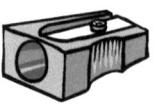

kichonga penseli
motšhene wa go betla phensele

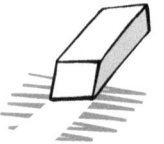

mpira
rabhara

pedi ya kuchora
phede ya ho thala

uchoraji

go thala

brashi ya rangi

borashe ya go penta

sanduku la rangi

lepokisi la go penta

mkasi

sekero

gundi

sekgomaretši

daftari

puku ya go ngwala

kazi ya nyumbani

mošomo wa gae

nambari

nomoro

jumlisha

tlatša

ondoa

go ntšha

zidisha

go atiša

kokotoa

khalekhuleitha

barua

lengwalo

alfabeti

alefapete

neno

lentšu

maandishi

mongolo

kusoma

bala

chaki

tšhoko

somo

thuto

sajili

puku ya maina

uchunguzi

thuto

cheti

setifikeite

sare za shule

diaparo tša sekolo

elimu

thuto

elezo

encyclopedia

chuo kikuu

yunibesithi

darubini

maekrosekoupo

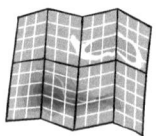

ramani

mmapa

kikapu cha kuweka karatasi chafu

pasekete ya matlakala a ditšhila

usafiri

eta

hoteli
hotele
hosteli
hosetele
ROOMS
CHANGE
ofisi ya ubadilishanaji
lefelo la go fetola tšhelete
sanduku
sutukheise
gari
koloi

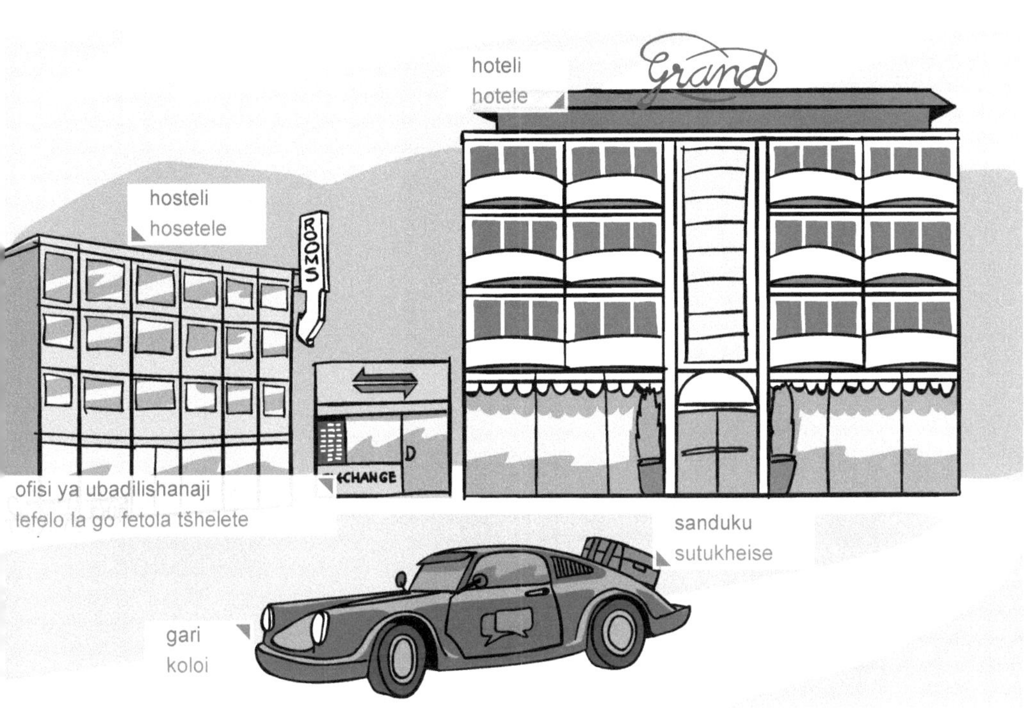

lugha
Leleme

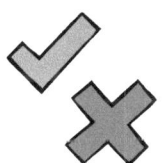

ndiyo / la
ee / aowa

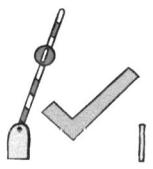

sawa
Go lokile

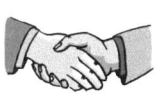

hujambo
Dumela

mtafsiri
mofetoledi

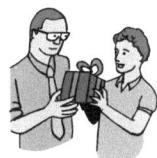

Asante
Re a leboga

kiasi gani ni ...?

... ke bokae?

Sielewi

ga ke kwešiše

tatizo

bothata

Jioni njema!

Thobela!

Habari za asubuhi!

Meso e mebotse!

Usiku mwema!

Robala botse!

kwa heri

šala gabotse

mwelekeo

keletšo ya tsela

mizigo

peke

mfuko

peke

shanta

mokotla wa dipuku

mgeni

moeng

chumba

phapoši

begi la kulalia

pekana ya go robala

hema

mokhukhu

taarifa ya utalii

boitsebišo bja moeti

ufuo

lewatleng

kadi

karata ya mokitlana

kifunguakinywa

dijo tša mesong

chakula cha mchana

matena

chakula cha jioni

dijo tša mantšiboa

tiketi

thikethe

kuinua

lifithi

muhuri

setempe

mpaka

border

mila

setlwaedi

ubalozi

embassy

visa

visa

pasipoti

phasepoto

usafiri

senamelwa

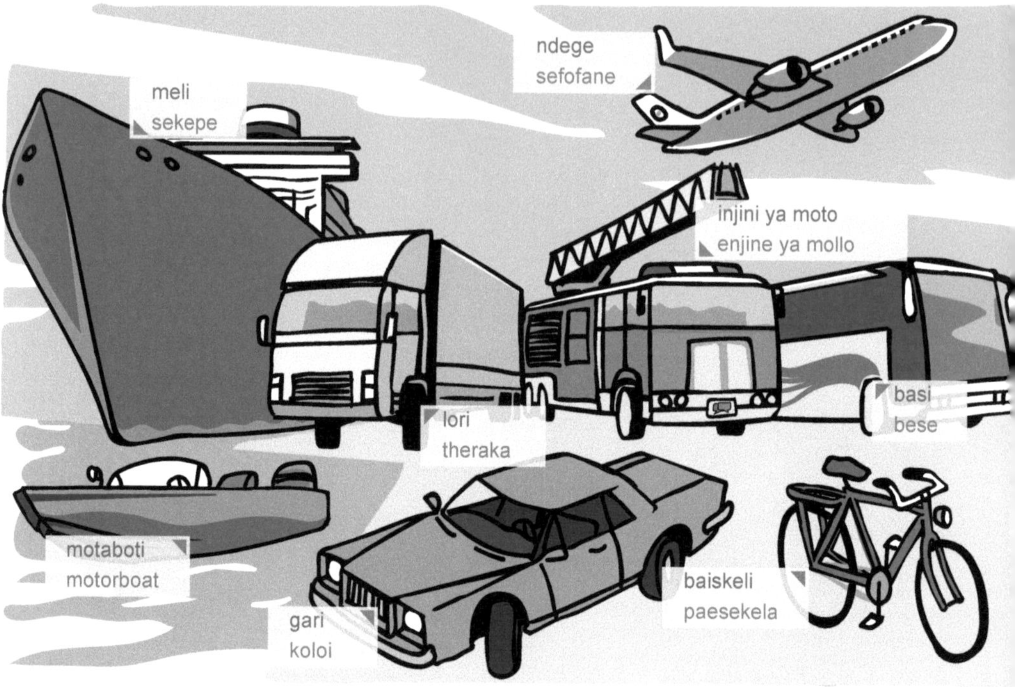
ndege
sefofane
meli
sekepe
injini ya moto
enjine ya mollo
basi
bese
lori
theraka
motaboti
motorboat
baiskeli
paesekela
gari
koloi

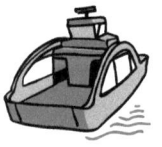

feri

feri

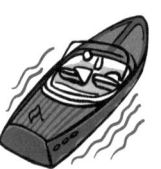

mashua

sekepe

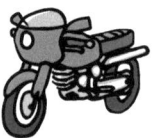

pikipiki

sethuthuthu

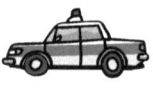

gari la polisi

koloi ya maphodisa

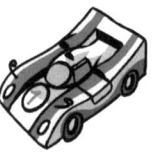

gari la mashindano

koloi ya go šiašiana

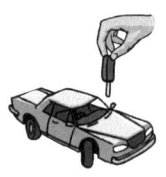

gari la kukodisha

koloi ya go rentišwa

kushiriki gari

go arogana koloi

lori la kuvuta

theraka ya go goga

ukusanyaji taka

theraka ya ditlakala

motor

mmotho

mafuta

makhura

kituo cha mafuta

seteišene sa makhura

ishara trafiki

leswao la therafiki

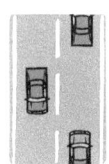

trafiki

therafiki

msongamano

therafiki

maegesho

lefelo la go phaka dikoloi

kituo cha treni

seteišene sa terene

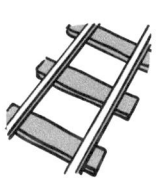

reli

tsela

garimoshi

terene

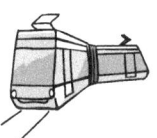

tremu

theramo

gari la mizigo

koloi

helikopta
sefofane

uwanja wa ndege
boemafofane

mnara
serokami

abiria
monamedi

chombo
seswari

katoni
lepokisana

mkokoteni
khathe

kikapu
basket

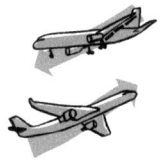

ondoka
go tloga / go kwatama

jiji

toropo

kijiji
motse

katikati ya jiji
bogareng bja toropo

nyumba
ntlo

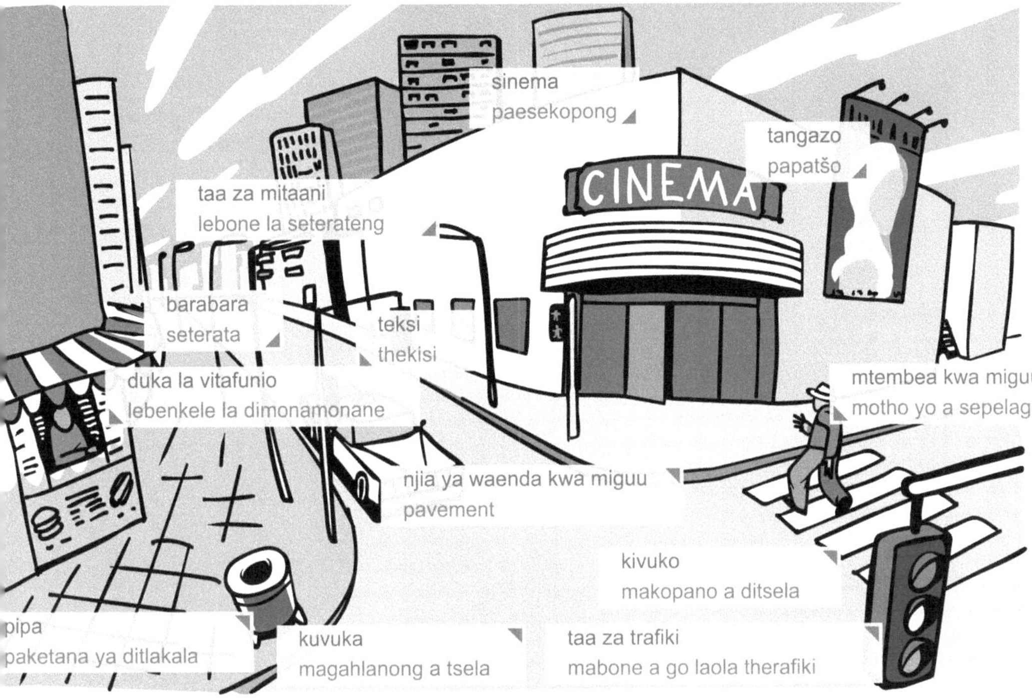

sinema
paesekopong

tangazo
papatšo

taa za mitaani
lebone la seterateng

CINEMA

barabara
seterata

teksi
thekisi

duka la vitafunio
lebenkele la dimonamonane

mtembea kwa miguu
motho yo a sepelago

njia ya waenda kwa miguu
pavement

kivuko
makopano a ditsela

pipa
paketana ya ditlakala

kuvuka
magahlanong a tsela

taa za trafiki
mabone a go laola therafiki

kibanda

mokutwana

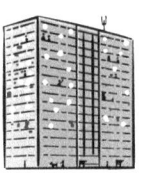

gorofa

folete

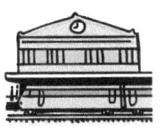

kituo cha treni

seteišene sa terene

ukumbi wa mji

holo ya toropong

Makavazi

museamo

shule

sekolo

chuo kikuu

yunibesithi

benki

panka

hospitali

sepetlele

hoteli

hotele

duka la dawa

lebenkele la dihlare

ofisi

ofisi

duka la kitabu

lebenkele la dipuku

duka

lebenkele la dijo

duka la maua

lebenkele la matšoba

dukakuu

lebenkele la dihlare

soko

mmakete

idara ya kuhifadhi

lebenkele la dilo tše dintši

mwuza samaki

fishmonger's

kituo cha ununuzi

lefelo la mabenkele

bandari

boemakepe

Hifadhi

phaka

benki

bench

daraja

leporogo

vidato

ditepisi

chini ya ardhi

ka tlase

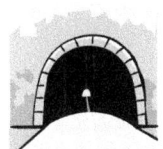

handaki

thanele

kituo cha mabasi

boemela pese

bar

bar

mgahawa

lebenkele la dijo

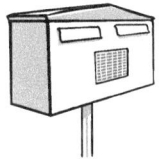

sanduku la posta

lepokisi la poso

ishara ya barabara

leswao la seterata

mila ya maegesho

mithara wa go phaka koloi

bustani ya wanyama

zuu

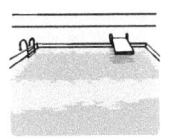

kidimbwi cha kuogelea

letamo la go rutha

msikiti

lefelo la mamoseleme

shamba
polasa

uchafuzi
tšhilafalo

makaburini
mabitla

kanisa
kereke

uwanja wa michezo
lefelo la go bapala

hekalu
tempele

mazingira
lefelo la dithaba

jani
letlakala

ishara ya mwelekeo
leswao la tsela

njia
tsela

malisho
lefelo kgauswi le noka

jiwe
letlapa

mti
mohlare

mtembeaji wa masafa
mophara thaba

mto
noka

nyasi
bjang

ua
letšoba

bonde
tsela

kilima
thaba

ziwa
letangwana la meetsi

msitu
sethokgwa

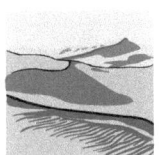

jangwa
leganata

volkano
thabamollo

ngome
ntlo e kgolo

upinde wa mvua
molalatladi

uyoga
mushroom

mtende
palm tree

mbu
monang

kuruka
fofa

chungu
ditšhošwane

nyuki
nosi

buibui
segokgo

mende
khunkhwane

chura
segwagwa

kuchakuro
squirrel

nungunungu
noko

sungura
mmutla

bundi
leribiši

ndege
nonyana

swan
mogolodi

nguruwe mwitu
kolobe ya naga

kulungu
phuthi

aina ya kongoni
phuthi

bwawa
letamo

tabo ya upepo
wind turbine

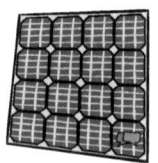

nishaji ya jua
phanele ya solar

hali ya hewa
leratadima

mgahawa
lebenkele la dijo

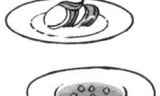

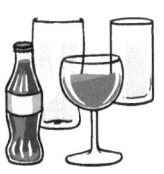

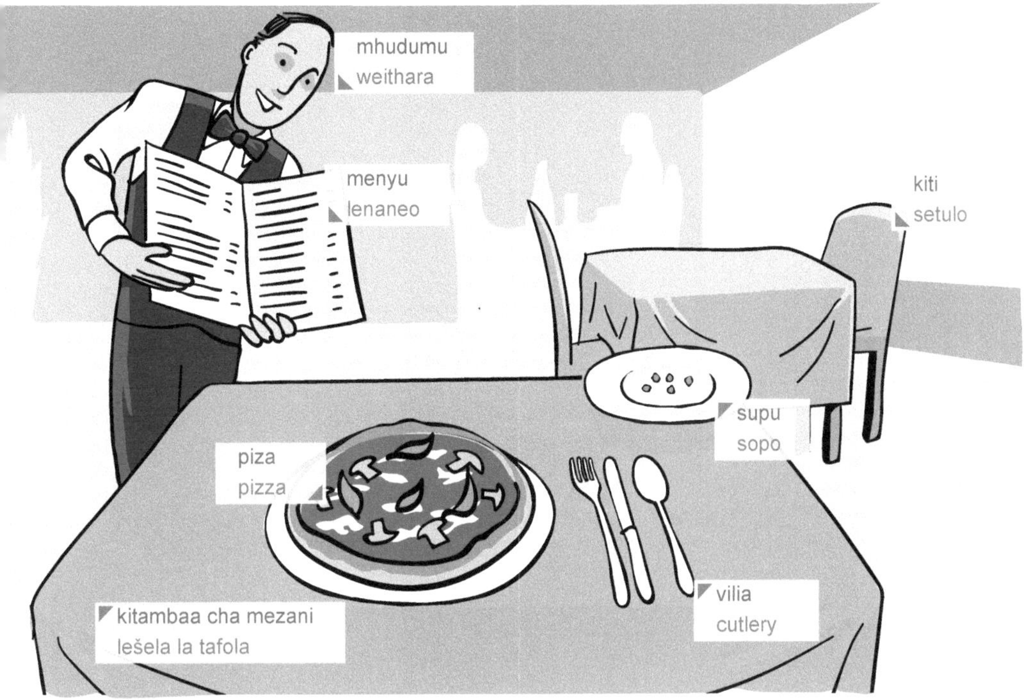
mhudumu
weithara
menyu
lenaneo
kiti
setulo
supu
sopo
piza
pizza
vilia
cutlery
kitambaa cha mezani
lešela la tafola

kiamsha hamu

dijo tša mathomo

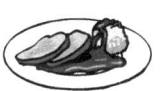

kozi kuu

dijo

kitindamlo

dimonamonane

vinywaji

dino

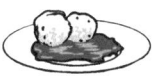

chakula

dijo

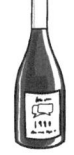

chupa

lepotlelo la ngwana

chakula cha haraka
....
fastfood

Streetfood
....
dijo tša seterateng

buli
....
ketlele ya tea

kisanduku cha sukari
....
poleitana swikiri

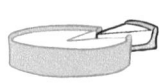

sehemu
....
karolo

mashine ya espresso
....
motšhene wa espresso

kiti kirefu
....
setulo sa godimo

muswada
....
tefo

trei
....
therei

kisu
....
thipa

uma
....
foroko

kijiko
....
lelepola

kijiko cha chai
....
lelepola

nepi
....
lešela la go iphomola

glasi
....
galase

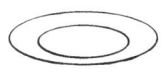

sahani
poleite

sahani ya supu
poleite ya sopo

sufuria
sosara

mchuzi
moroto

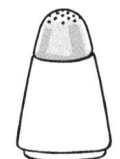

kichanyaji chumvi
poto ya letswai

kinu cha pilipili
sešila phepha

siki
vinegar

mafuta
makhura

viungo
sepaese

kechapu
tamatisoso

haradali
masetete

kachumbari nzito
mayonnaise

dukakuu
lebenkele la dihlare

ofa maalum
dithekišo tša tlase
FOR
mteja
moreki
maziwa
dijo tša go ba le maswi
matunda
dikenywa
toroli
teroli

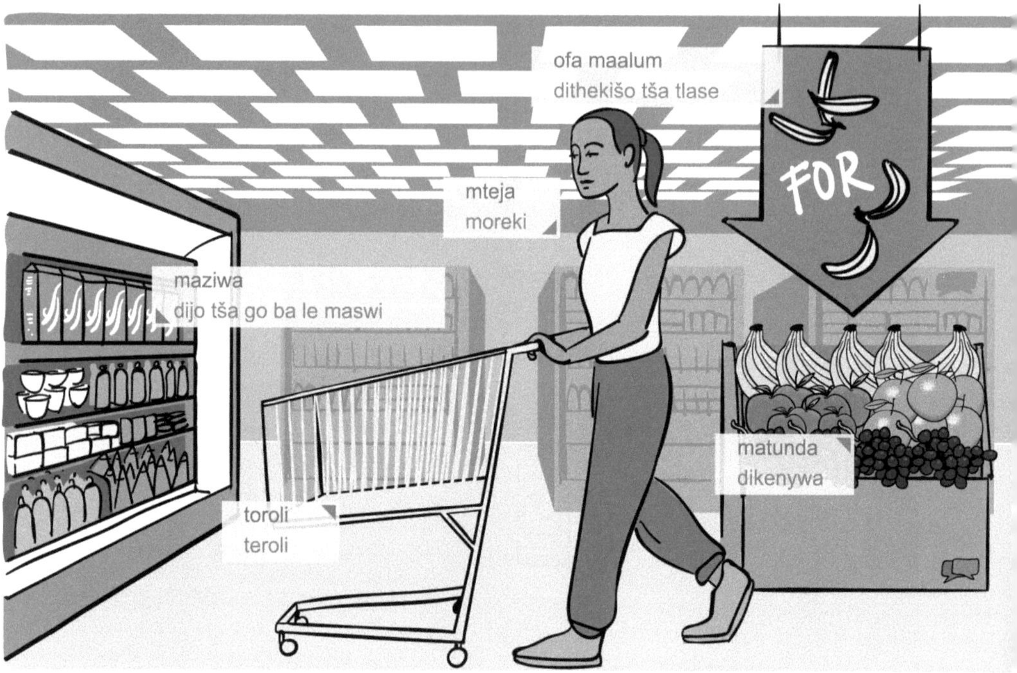

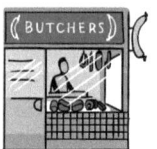

BUTCHERS

mchinjaji

selaga

BAKERY

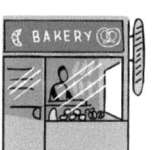

mwokaji

moapei wa dikuku

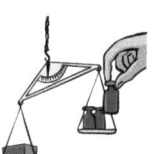

uzito

kala

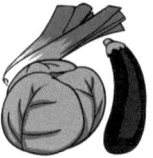

mboga

merogo

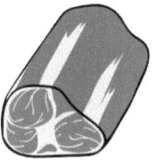

nyama

nama

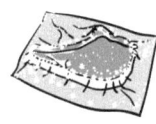

chakula waliohifadhiwa

dijo tše gahlišitšwego

vipande vya nyama baridi

nama ya go tonya

chakula cha kopo

tinned food

sabuni ya unga

sešepi sa go hlatswa

pipi

dimonamonane

bidhaa za kaya

dilo tša ka ntlong

bidhaa za kusafisha

didirišwa tša go hlwekiša

mtu mauzo

morekiši

mpaka

till

keshia

morekiši

orodha ya manunuzi

lenaneo la tše rekišwago

masaa ya ufunguzi

diiri tša go bula

mkoba

sepatšhe

kadi

karata ya mokitlana

mfuko

peke

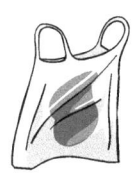

mfuko wa plastiki

peke ya polasetiki

maji

meetsi

sharubati

Juice

maziwa

maswi

coke

coke

mvinyo

beine

bia

bhiri

pombe

bjala

kakao

cocoa

chai

tea

kahawa

kofi

spreso

espresso

kapuchino

cappuccino

ndizi

banana

tufaha

apola

machungwa

namome

tikiti

melon

lemon

namone

karoti

carrot

kitunguu saumu

garlic

mianzi

bamboo

kitunguu

keiye

uyoga

mushroom

karanga

ditokomane

nudo

noodles

spageti

spaghetti

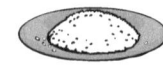

mpunga

raese

saladi

salate

vibanzi

ditŝhipisi

viazi vya kukaanga

matapola a gadikilwego

piza

pizza

hambaga

hambeka

sandwichi

sandwich

kipande

cutlet

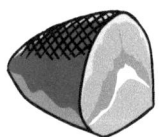

paja la mnyama

ham

salami

salami

soseji

sausage

kuku

kgogo

choma

gadika

samaki

hlaphi

oats ya uji

bogobe bja oats

muesli

muesli

cornflakes

cornflakes

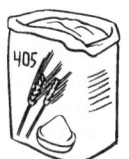

unga

folouro

kroisanti

croissant

andazi

dipanse

mkate

borotho

mkate wa kubanika

toaster

biskuti

dipisikiti

siagi

botoro

maziwa mgando

curd

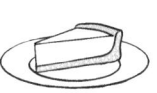

keki

kuku

yai

lee

yai kukaanga

lee le gadikilwego

jibini

tshese

aiskrimu

ice cream

sukari

swikiri

asali

todi ya dinosi

jemu

jeme

kuenea kwa chokoleti

chocolate spread

mchuzi wa viungo

curry

chakula - dijo

shamba
polasa

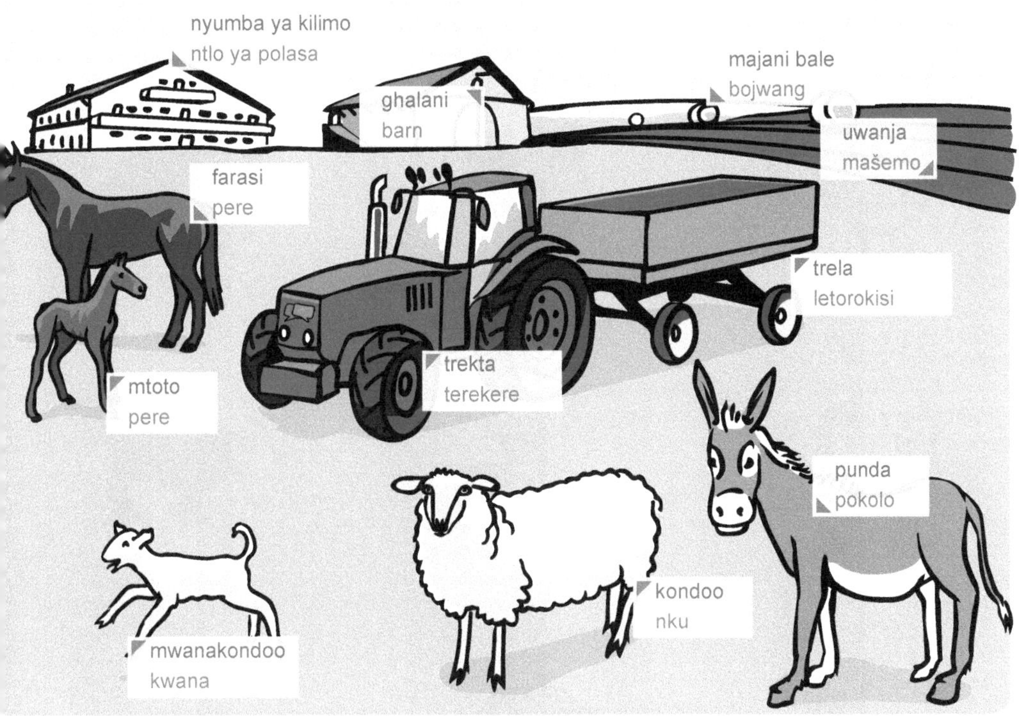

nyumba ya kilimo
ntlo ya polasa
ghalani
barn
majani bale
bojwang
uwanja
mašemo
farasi
pere
trela
letorokisi
mtoto
pere
trekta
terekere
punda
pokolo
kondoo
nku
mwanakondoo
kwana

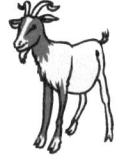

mbuzi

pudi

ng'ombe

kgomu

ndama

namane

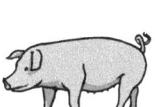

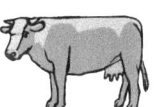

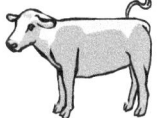

nguruwe

kolobe

mwananguruwe

kolobjana

fahali

poo

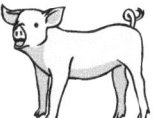

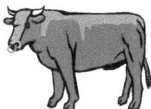

batabukini

leganse

bata

leganse

kifaranga

letswienyane

kuku

kgogo

jogoo

mokoko

panya

legotlo

paka

katse

panya

legotlo

ng'ombe

pholo

mbwa

mpšha

nyumba ya mbwa

ntlwana ya mpšha

bomba la bustani

lethompo la seratswana

debe la kumwagilia maji

khene ya meetse

fyekeo

peke

kulima

megoma ya terekere

mundu

sekele

jembe

mogoma

uma wa nyasi

foroko

shoka

selepe

toroli

kiribai

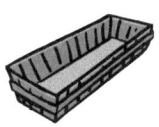

kupitia nyimbo

letangwana la meetsi

chombo cha maziwa

khene ya maswi

gunia

lesaka

ua

fense

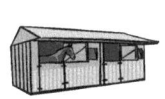

imara

stable

chafu

ntlwana ya galase ya dihlare

udongo

mobu

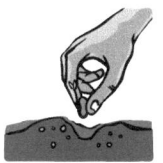

mbegu

peu

mbolea

manyora

kivunaji

motšhene wa go buna

mavuno
buna

mavuno
buna

viazi vikuu
tse monate

ngano
korong

soya
soy

viazi
letapola

mahindi
korong

rapa
rapeseed

mti wa matunda
mohlare wa dikenywa

muhogo
cassava

nafaka
disereale

nyumba
ntlo

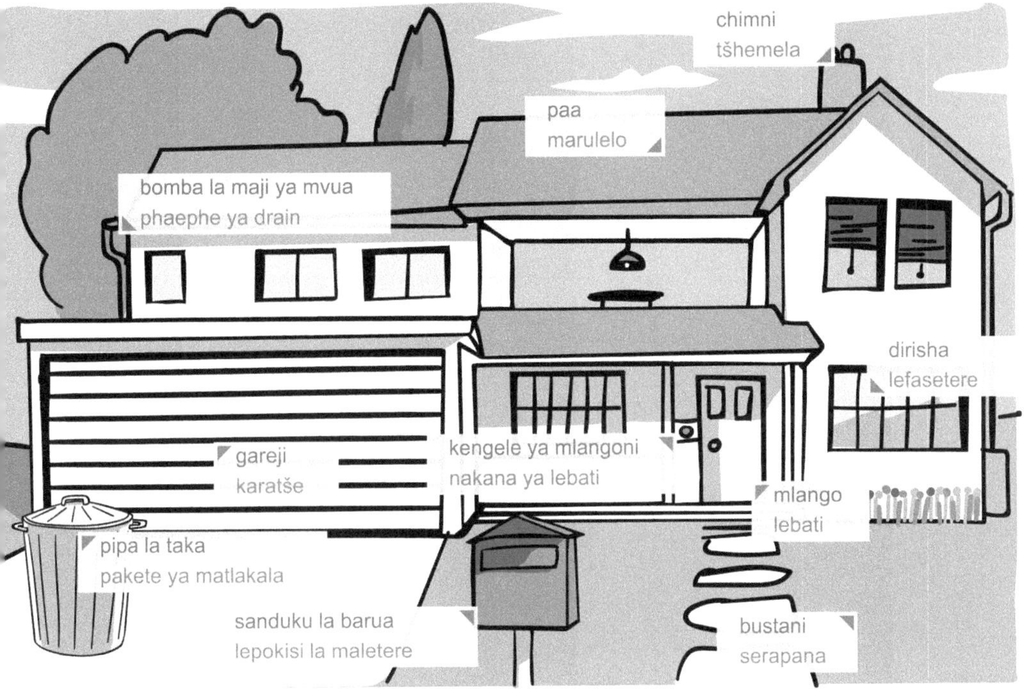

chimni
tšhemela
paa
marulelo
bomba la maji ya mvua
phaephe ya drain
dirisha
lefasetere
gareji
karatše
kengele ya mlangoni
nakana ya lebati
mlango
lebati
pipa la taka
pakete ya matlakala
sanduku la barua
lepokisi la maletere
bustani
serapana

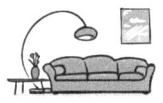

sebuleni

phapoši ya go dula

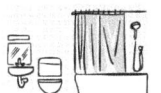

bafu

kamora ya go hlapela

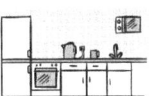

jikoni

boapeelo

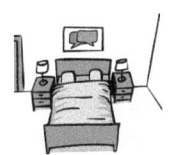

chumba cha kulala

phapoši ya go robala

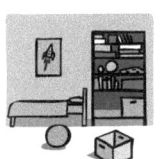

chumba ya mtoto

phapoši ya bana

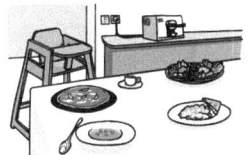

chumba cha kulia

lefelo la boiketlo

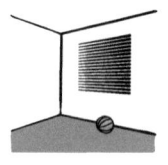

sakafu
fase

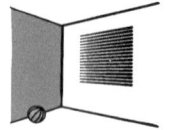

ukuta
lebota

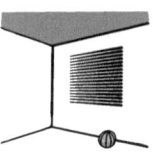

dari
siling

pishi
cellar

sauna
sauna

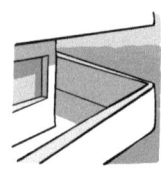

roshani
letsikangope

mtaro
lelapa

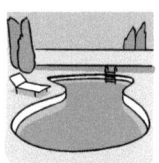

kidimbwi
letamo la go rutha

mashine ya kukata nyasi
motšhene wa go sega bjang

karatasi
lešela la go iphomola

kitambaa cha kupamba
kitanda
lešela la mpeto

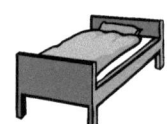

kitanda
mpeto

ufagio
leswielo

ndoo
pakete

kubadili
pholaka

sebuleni

phapoši ya go dula

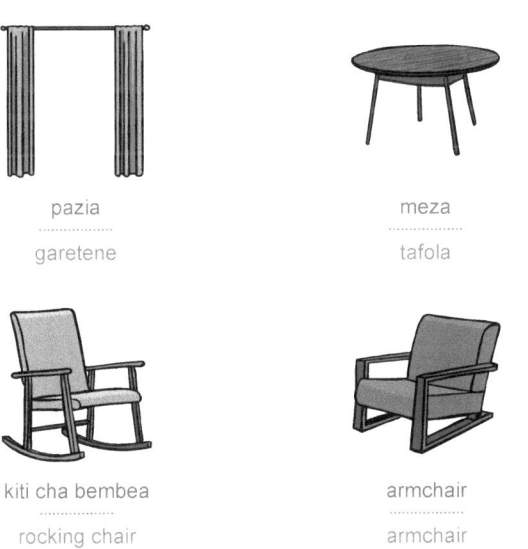

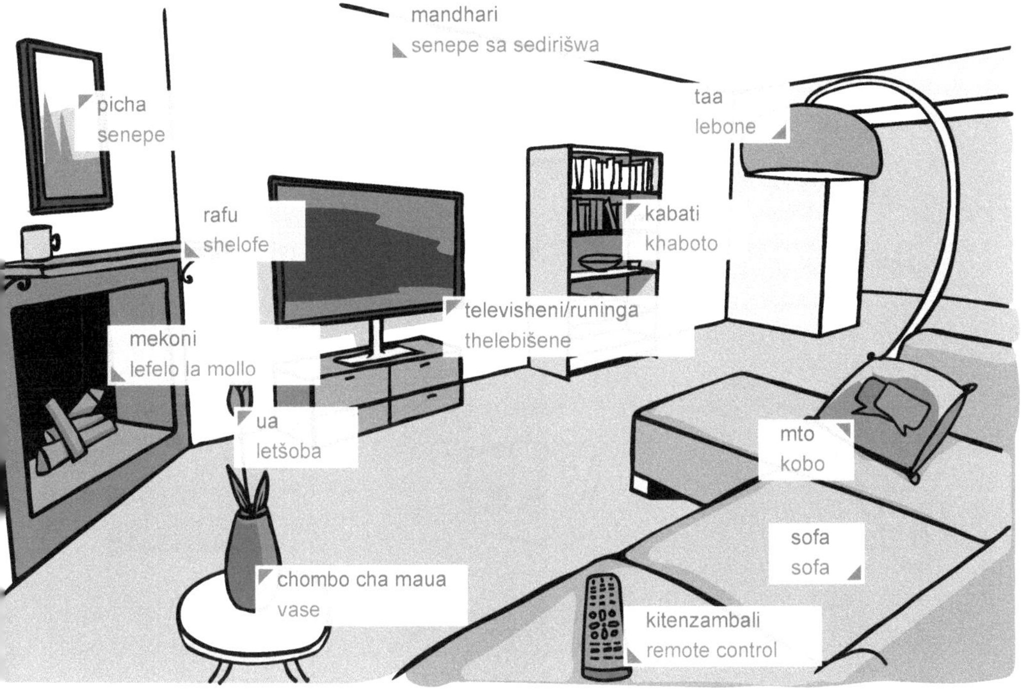

mandhari
senepe sa sediriŝwa
picha
senepe
taa
lebone
rafu
shelofe
kabati
khaboto
televisheni/runinga
thelebišene
mekoni
lefelo la mollo
ua
letšoba
mto
kobo
sofa
sofa
chombo cha maua
vase
kitenzambali
remote control

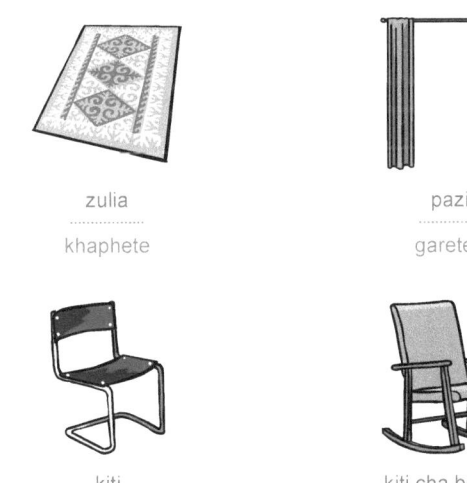

zulia

khaphete

pazia

garetene

meza

tafola

kiti

setulo

kiti cha bembea

rocking chair

armchair

armchair

kitabu

buka

blanketi

kobo

mapambo

bokgabišo

kuni

dikota tša mollo

filamu

filimi

kifaa cha hi-fi

sediriswa sa hi-fi

ufunguo

senotlelo

gazeti

kuranta

uchoraji

go penta

bango

phouseta

redio

radio

daftari

pukwana ya go ngwala

kifyonza

motšhene wa go hlwekiša

dungusi kakati

mohlašana wa cactus

mshumaa

kerese

jikoni
boapeelo

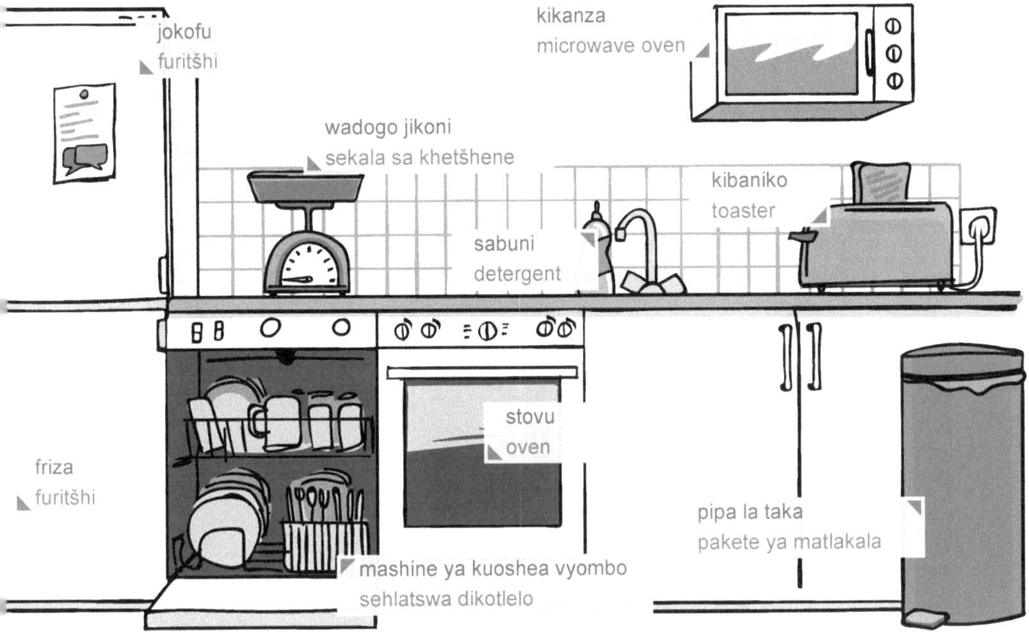

jokofu
furitšhi
kikanza
microwave oven
wadogo jikoni
sekala sa khetšhene
kibaniko
toaster
sabuni
detergent
stovu
oven
friza
furitšhi
pipa la taka
pakete ya matlakala
mashine ya kuoshea vyombo
sehlatswa dikotlelo

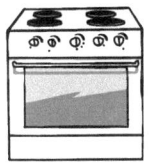

jiko la kupika

moapei

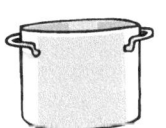

chungu

pitša

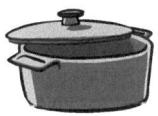

sufuria ya chuma

cast-iron pot

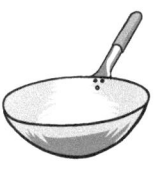

wok / kadai

wok / kadai

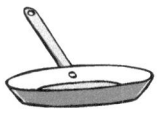

kaango

pane

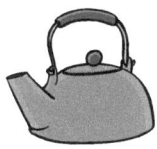

birika

ketlele

stima

steamer

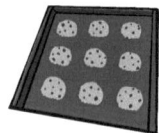

sinia ya kuoka

therei ya go paka

vyombo vya udongo

dikotlelo

kombe

komiki

bakuli

mogopo

vijiti vya kulia

diphathana tša go ja

ukawa

lelepola la ladle

mwiko mpana

spatula

burashi

whisk

kichujio

strainer

chujio

sefo

mbuzi

kereitara

chokaa

mortar

barbeque

barbecue

moto wazi

thuntšha

ubao wa majaribio

boto ya dijo

kijiti cha kusukuma unga

rolling pin

kizibuo

sebula lepotlelo

kopo

khene

inaweza kopo

sebula khene

kishikio cha chungu

seswara dipoto

karo

sinki

brashi

borashe

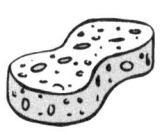

sifongo

sepontše

kisagaji matunda

sehlakanyi

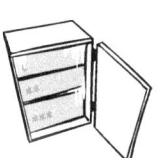

friji ya kina

freezer

chupa ya mlolo

lepotlelo la ngwana

bomba

pompi

bafu

kamora ya go hlapela

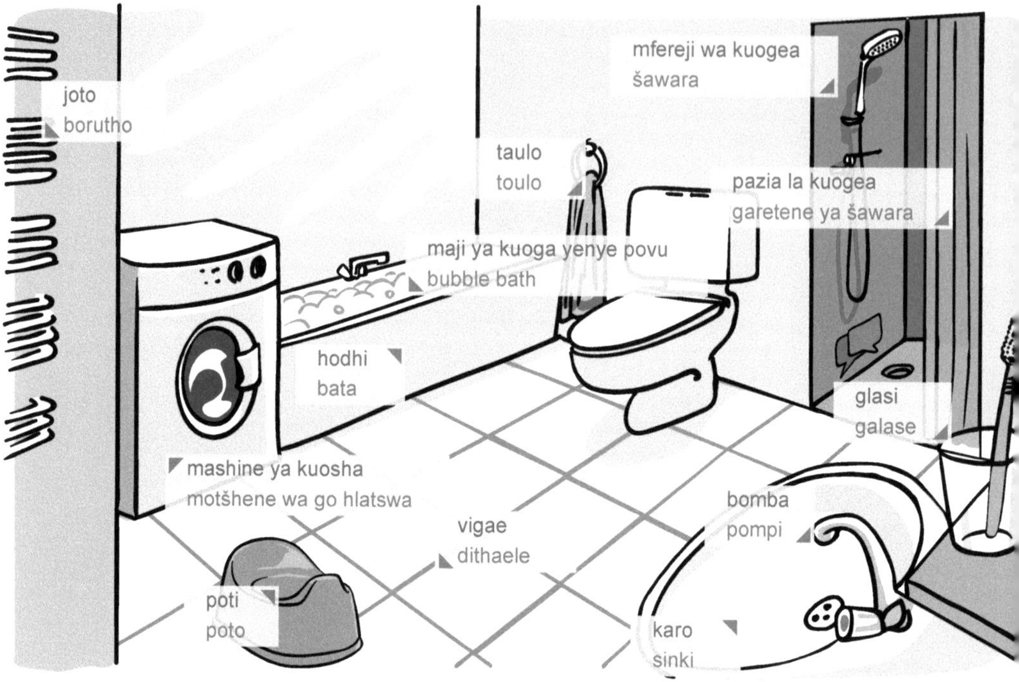

joto
borutho
mfereji wa kuogea
šawara
taulo
toulo
pazia la kuogea
garetene ya šawara
maji ya kuoga yenye povu
bubble bath
hodhi
bata
glasi
galase
mashine ya kuosha
motšhene wa go hlatswa
bomba
pompi
vigae
dithaele
poti
poto
karo
sinki

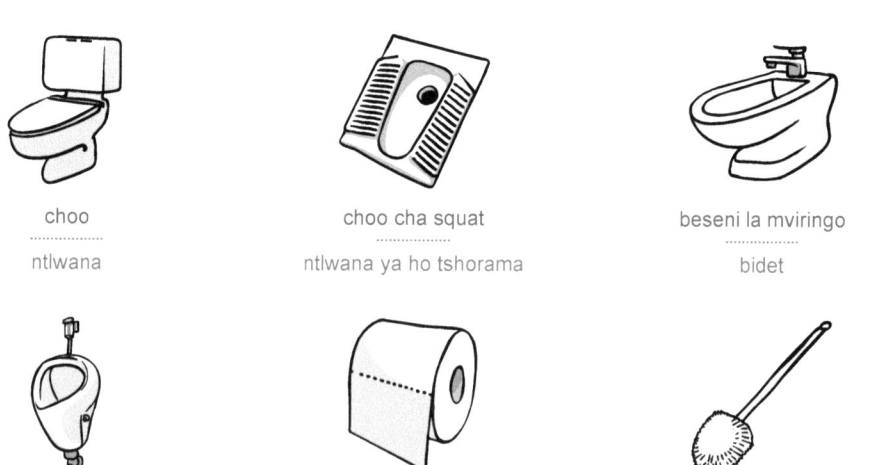

choo

ntlwana

choo cha squat

ntlwana ya ho tshorama

beseni la mviringo

bidet

choo cha umma

moroto

shashi

pampiri ya ntlwana

brashi ya choo

borašе ya ntlwana

mswaki
boraše ya ho hlapa meno

dawa ya meno
sešepi sa meno

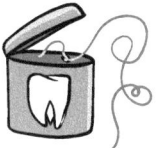

dawa ya meno
floss ya meno

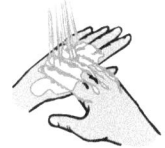

safisha
hlatswa

kuoga mkono
shawara ya go swarwa ka
matsogo

msukumo wa maji
douche

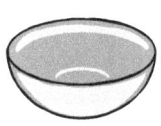

bonde
basin

mpako wa pili
back brush

sabuni
sešepi

jeli ya kuogea
sešepi sa ka šawareng

shampuu
shampoo

flana
folene

toa maji
drain

krimu
sa go tlola

kiondoa harufu
senkgiša bose

kioo

seipone

kioo mkono

sepili se senyenyane

kinyozi

legare

povu la kunyoa

shaving foam

baada ya kunyoa

aftershave

kichana

kamo

brashi

boraše

kikausha nywele

derayara ya moriri

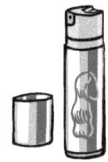

marashi ya nyewele

setlola sa moriri

vipodozi

makeup

kidomwa

setlola sa molomo

varnish ya msumari

varnish ya manala

pamba

wulu

mkasi wa kucha

sekero sa dinala

manukato

phefumo

mkoba wa kuosha

pekana ya tša go hlapa

kinyesi

setulo

mizani

sekala

nguo ya kuoga

toulwana ya go hlapa

glavu za mpira

ditlelafo tša rabara

kisodo

tampon

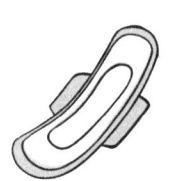

sodo

toulo ya go phumula
matsogo

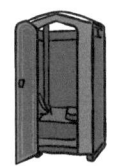

kemikali choo

ntlwana ya dikhemikhale

chumba ya mtoto
phapoši ya bana

saa ya kengele
watšhe ya alamo
kidoli cha kupakata
mpopi
gari bandia
koloi ya go bapadiša
kelele
rattle ya bana
chumba cha midoli
ntlo ya mepopi
sasa
present

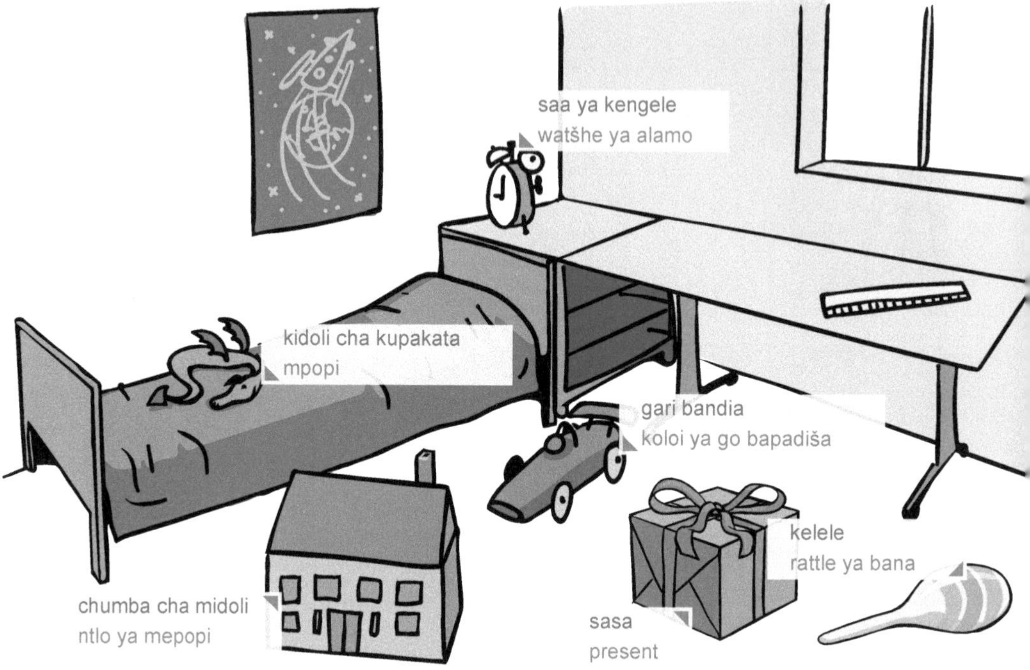

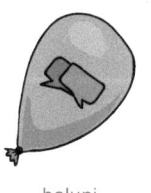

baluni
baluni

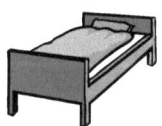

kitanda
mpeto

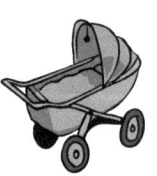

mashua
phorema

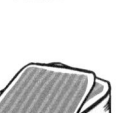

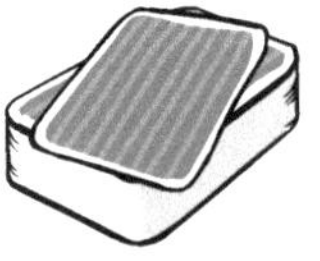

staha ya kadi
dikarata

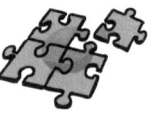

mchezo-fumb
papadi ya jigsaw

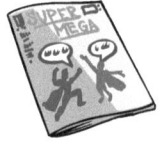

vichekesho
metlae

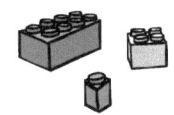

matofali lego

papadi ya lego bricks

vitalu mwigo

papadi ya building blocks

hatua takwimu

action figure

suti ya kulalia

go gola ga ngwana

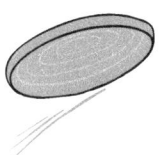

kisahani

papadi ya Frisbee

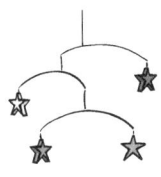

simu

mobile

ubao wa michezo

papadi ya boto

kete

letaese

garimoshi mwigo

model train set

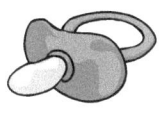

dummy

tami

chama

phathi

picha kilabu

puku ya dinepe

mpira

kgwele

kikaragosi

mpopi

kucheza

bapala

shimo la mchanga

sandpit

bembea

swing

vitu bandia

tša go bapadiša

kiweko cha video ya mchezo

sedirišwa sa dipapadi tša bidio

baiskeli ya magurudumu

paesekele ya bana

matatu

mwanasesere

teddy bear

kabati

oteropo

nguo

diaparo

soksi

masokisi

stokingi

masokisi

kibano

pentihouso

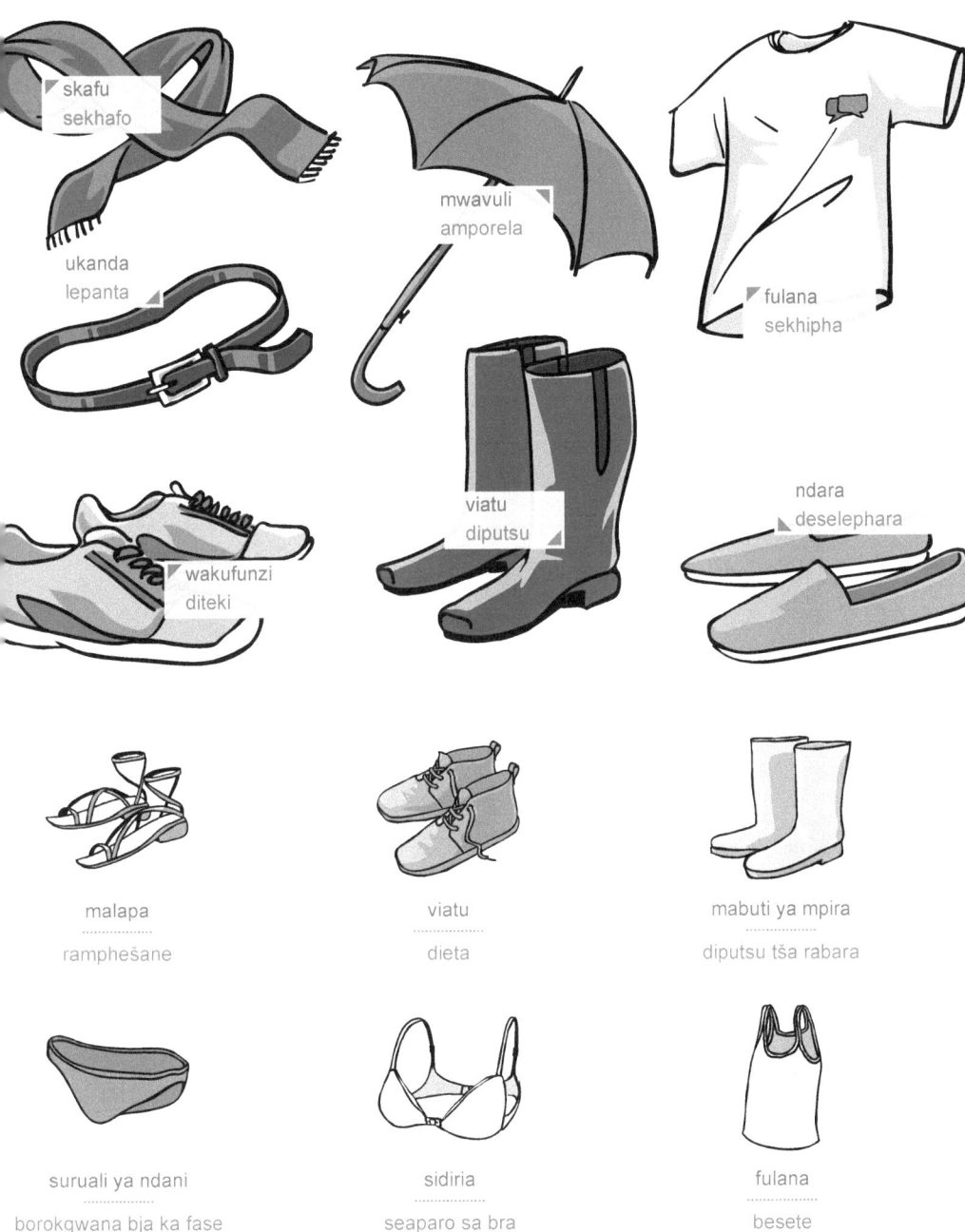

skafu
sekhafo

mwavuli
amporela

ukanda
lepanta

fulana
sekhipha

viatu
diputsu

ndara
deselephara

wakufunzi
diteki

malapa
ramphešane

viatu
dieta

mabuti ya mpira
diputsu tša rabara

suruali ya ndani
borokgwana bja ka fase

sidiria
seaparo sa bra

fulana
besete

mwili
mmele

suruali
marokgo

dangirizi
pokathe

sketi
sekhethe

blauzi
seaparo sa blouse

shati
hempe

vuta
jase

sweta
jase

bleza
seaparo sa blazer

jaketi
baki

koti
jase

koti la mvua
jase ya pula

maleba
khosetumo

gauni
roko

mavazi ya harusi
lešira

suti
sutu

vazi la usiku
seaparo sa go robala

pajama
dipejama

sari
sari

skafu
sekafo

kilemba
turban

burka
seaparo sa burqa

kaftan
roko ya kaftan

abaya
abaya

vazi la kuogelea
seaparo sa go rutha

vazi la kiume la kuogelea
diteranka

kaptura
marukgwana a manyenyane

teitei
terekesutu

aproni
apron

glavu
ditlelafo

kifungo

konope

glasi

digalase

bangili

boreiselete

mkufu

nekeleise

pete

palamonwana

herini

lengena

kofia

kepisi

kiango cha koti

hengere ya jase

kofia

kefa

tai

thai

zipu

zip

kofia

helmete

kanda za suruali

braces

sare za shule

diaparo tša sekolo

sare

unifomo

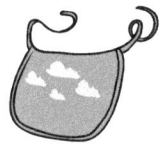

bibu

seaparo sa bib

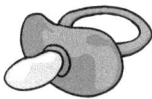

dummy

tami

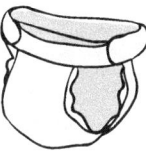

nepi

mongato

ofisi

ofisi

seva
sebara
kabati la kuweka faili
lekase la difaele
kichapishaji
phrinthara
kiwambo
monitharaw
karatasi
letlakala
kipanya
mouse
dawati
tafola
folda
foldara
kibodi
keybhoto
kiti
setulo
u cha kuweka karatasi chafu
‹ete ya matlakala a ditšhila
kompyuta
khomphutha

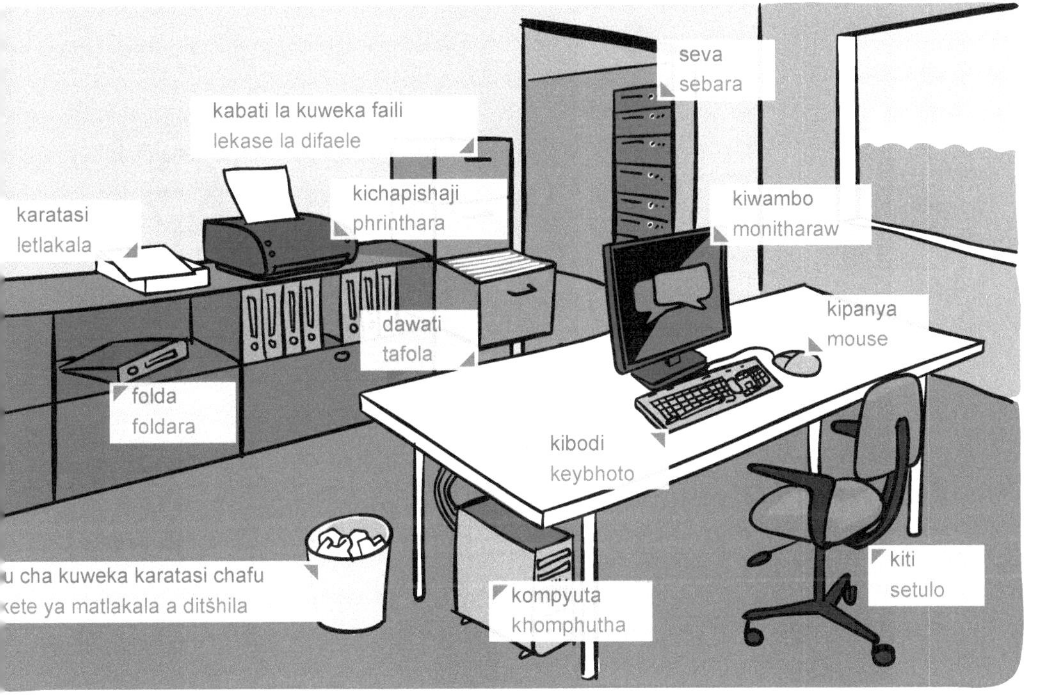

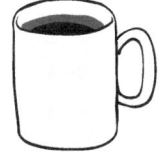

kmobe la kahawa

komiki ya kofi

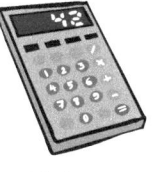

kikokotoo

khalekhuleitha

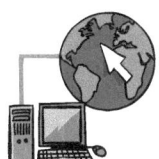

biashara

inthanete

mbali

laptop

barua

lengwalo

ujumbe

molaetša

rununu

mogalathekeng

intaneti

netweke

fotokopia

motšhene wa go photokhopa

programu

software

simu

mogala

soketi

pholaka ya sokete

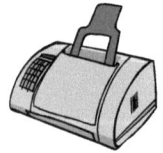

kipepesi

motšhine wa go fekesa

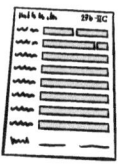

fomu

fomo

hati

dipampiri

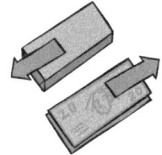

kununua
reka

kulipa
lefa

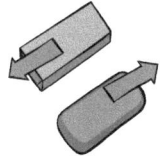

biashara
rekiša

fedha
tšhelete

dola
dollar

yuro
euro

yeni
yen

rouble
rouble

faranga ya Uswisi
Swiss franc

renminbi yuan
renminbi yuan

rupia
rupee

eneo la kulipia
lefelo la go ntšha tšhelete

ofisi ya ubadilishanaji

lefelo la go fetola tšhelete

dhahabu

gauta

fedha

silifera

mafuta

oil

nishati

matla

bei

poraese

mkataba

konteraka

kodi

motšhelo

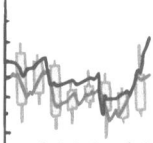

bidhaa

setokho

kazi

mošomo

mfanyakazi

mošomi

mwajiri

mothwadi

kiwanda

feketori

duka

lebenkele la dijo

kazi
bodulo

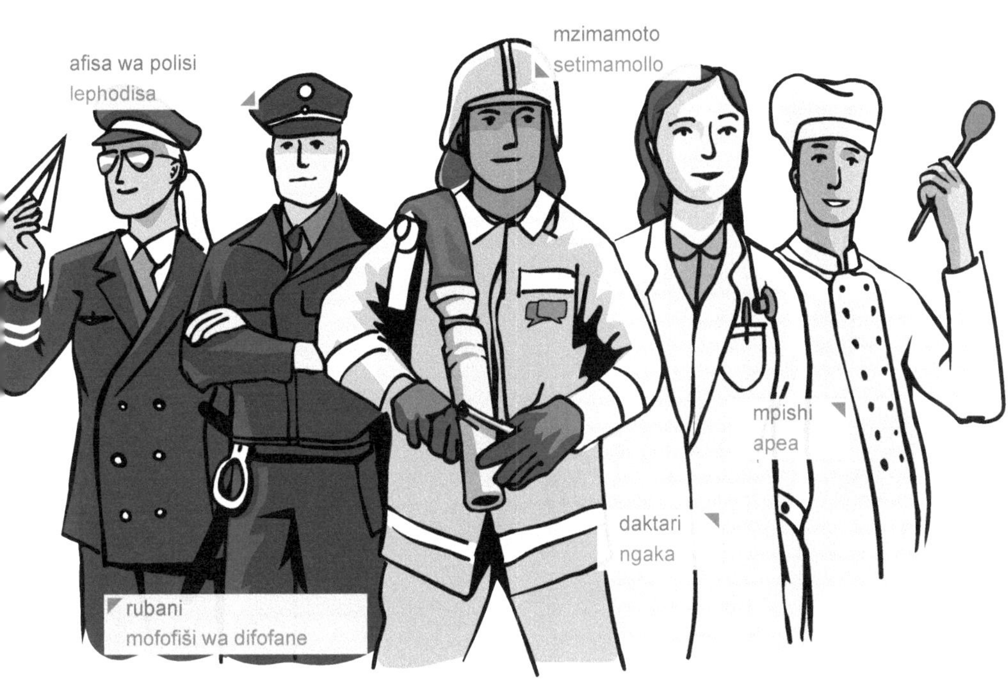

afisa wa polisi
lephodisa
mzimamoto
setimamollo
mpishi
apea
daktari
ngaka
rubani
mofofiši wa difofane

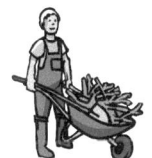

mtunza bustani

mohlokomedi wa dirapana

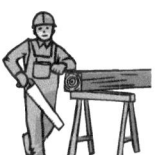

seremala

mmetli

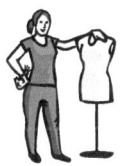

mshonaji

moroki

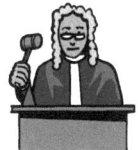

hakimu

moahlodi

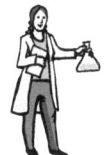

mwanakemia

khemise

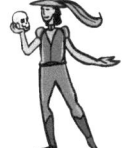

muigizaji

mmapadi

dereva wa basi

mootledi wa pase

dereva wa teksi

mootledi wa thekisi

mvuvi

moswara dihlapi

mwanamke wa kusafisha

mòsadi wa go hlwekiša

mwezekaji

molokiša marulelo

mhudumu

weithara

mwindaji

motsomi

mchoraji

motho wa go penta

mwokaji

mopaki

umeme

electrician

mjenzi

moagi

mhandisi

moenjeneare

mchinjaji

selaga

fundi bomba

polambara

mwanaposta

mosepediši wa poso

mwanajeshi

mohlabani

msanifu majengo

mothadi wa dintlo

keshia

morekiši

muuza maua

molemi wa matšoba

msusi

mologi wa moriri

kondakta

molaodi

mekanika

mekhenikhe

nahodha

mokapotene

daktari wa meno

ngaka ya meno

mwanasayansi

rathutamahlale

rabbi

moruti

imamu

moetapele wa dithapelo

mtawa

monk

kasisi

moruti

zana
didirišwa

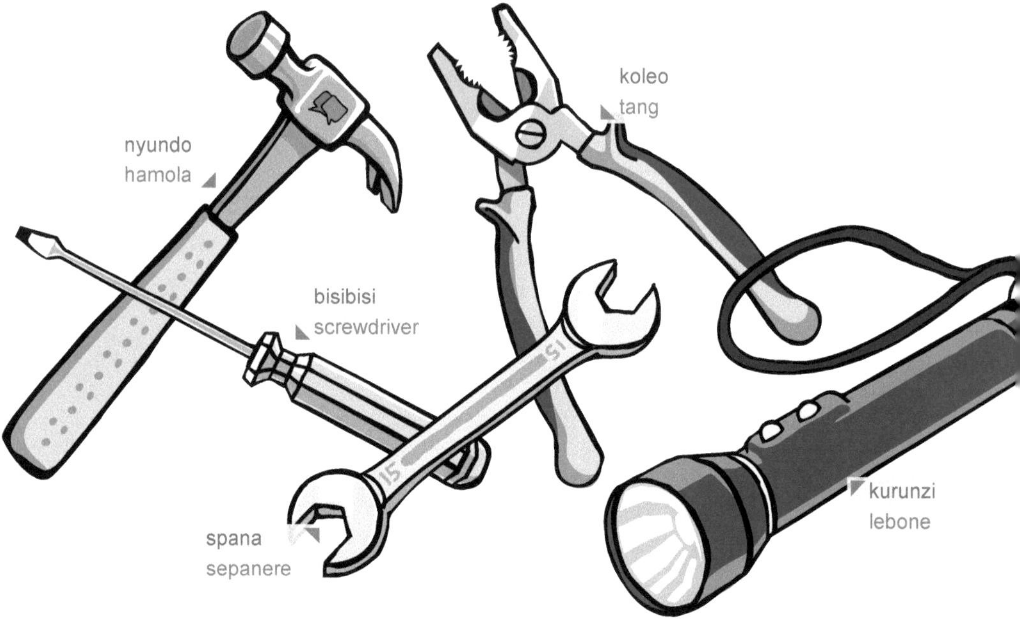
koleo
tang
nyundo
hamola
bisibisi
screwdriver
kurunzi
lebone
spana
sepanere

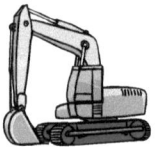

mchimbaji
seepi

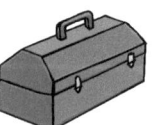

sanduku la vifaa
lepokisi la dithulusi

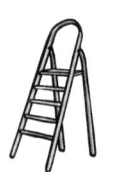

ngazi
llere

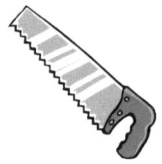

msumeno
saga

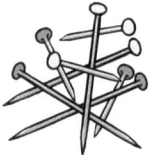

misumari
dipikiri

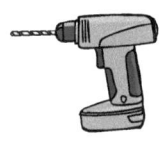

kuchimba visima
sebori

kukarabati
lokiša

sepetu
garafo

Lo!
ijoo!

kishikio cha uchafu
seolela matlakala

chungu cha rangi
pitša ya pente

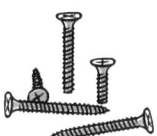

skurubu
sekurufu

ala za muziki
didirišwa tša mmino

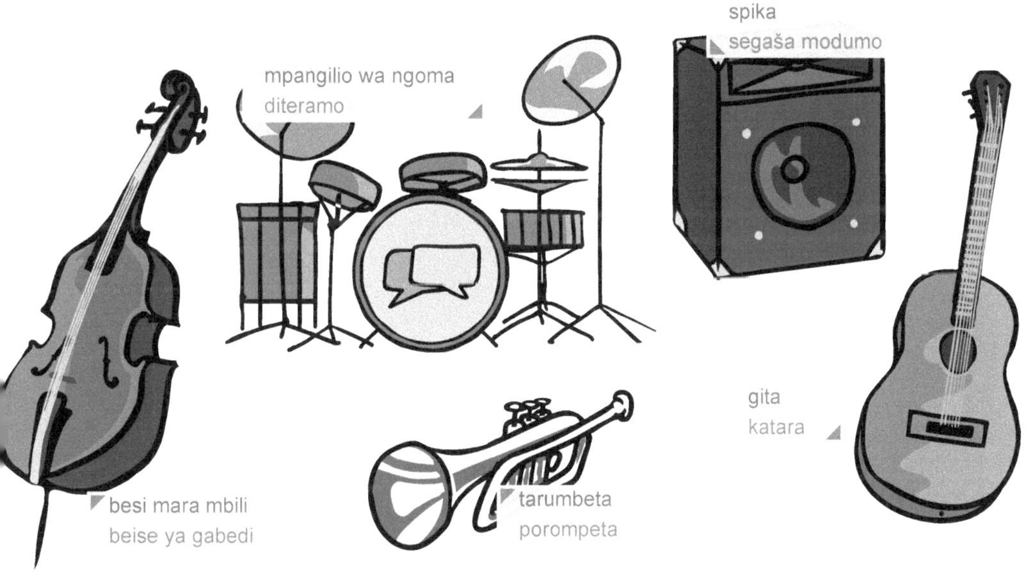

spika
segaša modumo

mpangilio wa ngoma
diteramo

gita
katara

besi mara mbili
beise ya gabedi

tarumbeta
porompeta

piano
piano

fidla
violin

ubeji
beise

timpani
timpani

ngoma
diteramo

kibodi
keybhoto

saksafoni
saxophone

filimbi
phala

maikrofoni
mmaekrofouno

bustani ya wanyama

zuu

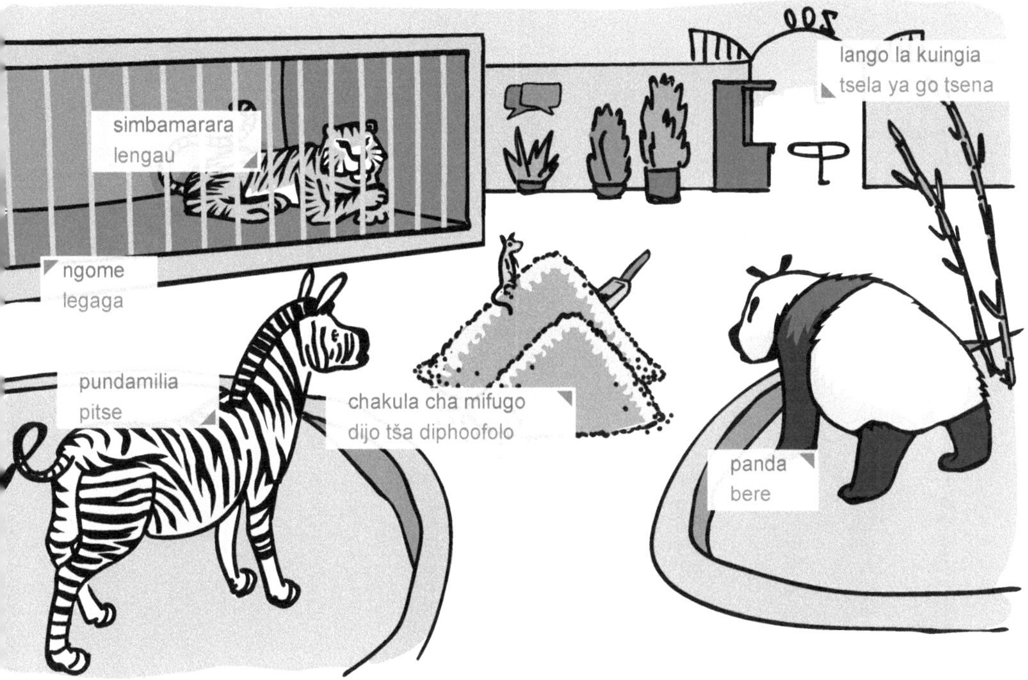
simbamarara
lengau
ngome
legaga
pundamilia
pitse
chakula cha mifugo
dijo tša diphoofolo
panda
bere
lango la kuingia
tsela ya go tsena

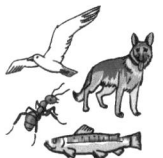

wanyama

diphoofolo

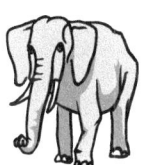

tembo

tlou

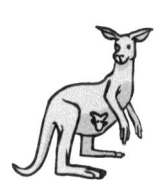

kangaruu

kangaroo

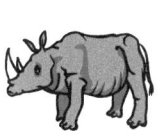

kifaru

tšhukudu

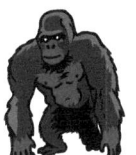

sokwe

gorilla

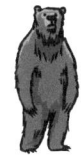

dubu

bere

ngamia

kamela

mbuni

mpšhe

simba

tau

tumbili

tšhwene

heroe

nonyana ya flamingo

kasuku

nonyana ya parrot

dubu

bere ya polar

penguini

penguin

papa

shark

tausi

phikoko

nyoka

noga

mamba

kwena

mtunza wanyama

mohlokomedi wa di zoo

muhuri

sili

jaguar

jaquar

mwanafarasi

pokolo

chui

lepogo

kiboko

hippo

twiga

thutlwa

tai

lenong

nguruwe mwitu

kolobe ya naga

samaki

hlaphi

kobe

khudu

sili

walrus

mbweha

phiri

paa

phuthi

soka ya marekani
kgwele ya Amerika

uendeshaji baiskeli
go reila paesekela

tenisi
thenese

mpira wa kikapu
basketball

kuogelea
go rutha

ndondi
ntwa ya matswele

magongo ya barafuni
hockey ya lehlweng

soka
kgwele ya maoto

vinyoya
badminton

riadha
bakitimi

mpira wa mikono
polo ya matsogo

skii
skiing

polo
polo

shughuli
mediro

cheka
sega
kuruka
taboga
kumbatia
gokara
kutembea
sepela
kuimba
opela
ota ndoto
lora
kuomba
rapela
busu
atla

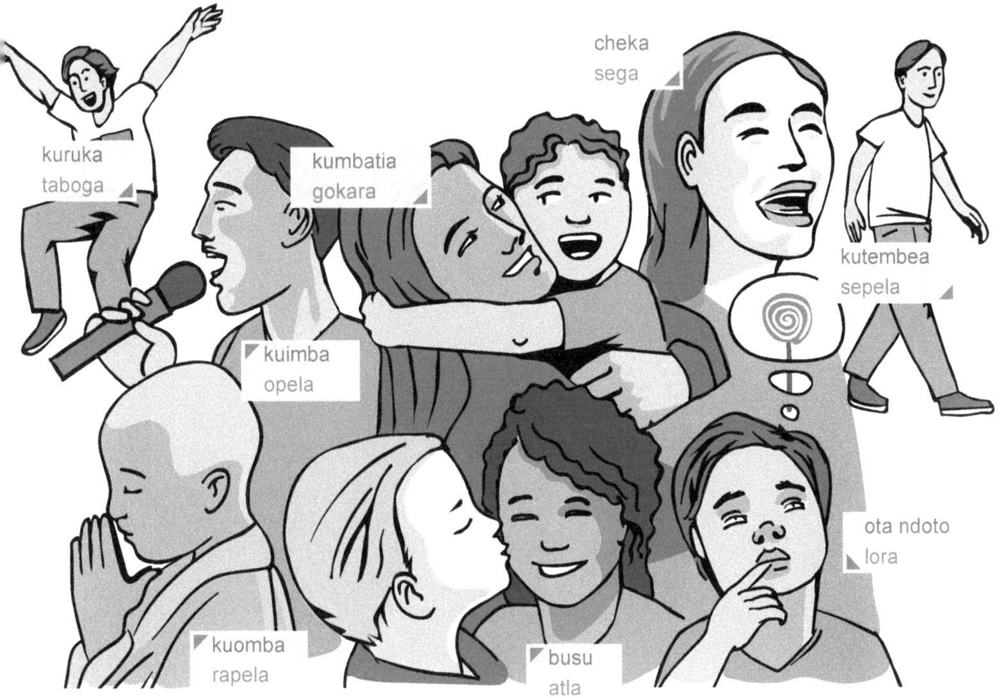

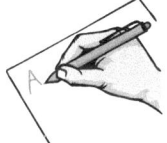

kuandika
ngwala

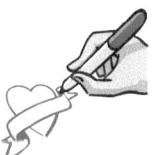

kuteka
thala

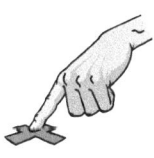

angalia
bontšha

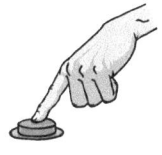

sukuma
kgorometša

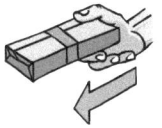

kutoa
efa

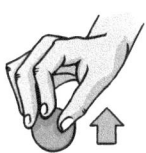

kuchukua
tšea

kuwa
e ba le

fanya
dira

kuwa
eba

kusimama
ema

kukimbia
kitima

vuta
goga

kutupa
lahlela

kuanguka
e wa

hadaa
maaka

kusubiri
emanyana

kubeba
rwala

kukaa
dula

vaa nguo
go apara

usingizi
robala

kuamka
tsoga

kuangalia

lebelela

lia

lla

kiharusi

seterouko

chana nywele

kamo

ongea

bolela

kuelewa

kwešiša

kuuliza

botšiša

kusikiliza

theetša

kunywa

e nwa

kula

eja

nadhifisha

hlwekiša

upendo

lerato

mpishi

apea

gari

otlela

kuruka

fofa

meli

sesa

kokotoa

khalekhuleitha

kusoma

bala

kujifunza

ithute

kazi

mošomo

kuoa

nyala

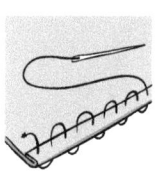

kushona

roka

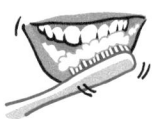

piga mswaki

hlapa meno

kuua

bolaya

moshi

kgoga

kutuma

romela

familia
lelapa

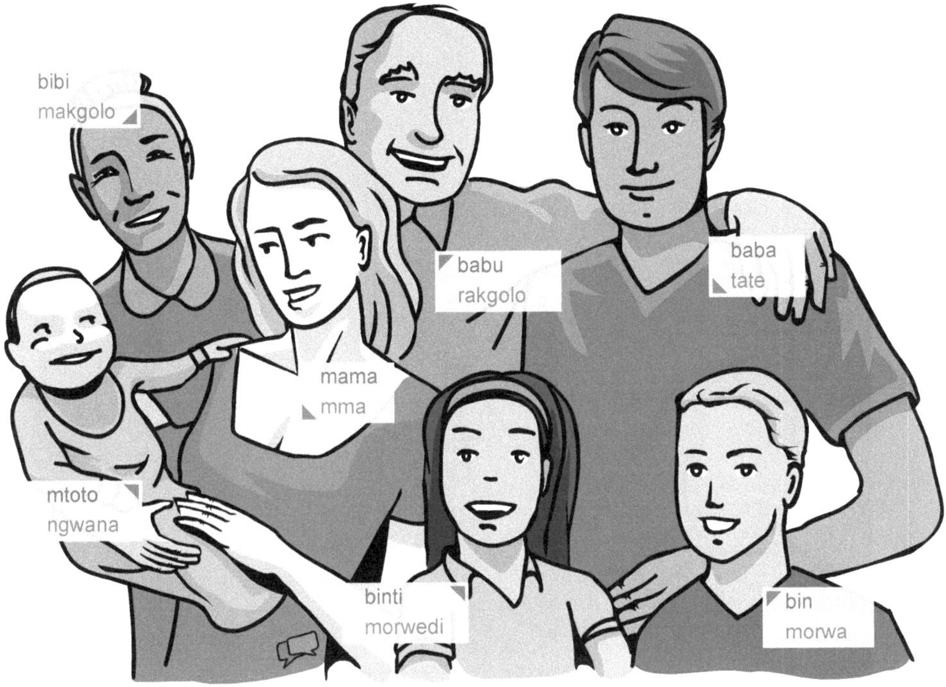

bibi
makgolo
babu
rakgolo
baba
tate
mama
mma
mtoto
ngwana
binti
morwedi
bin
morwa

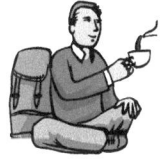

mgeni
moeng

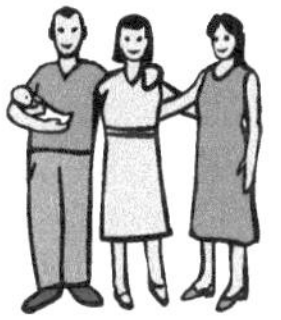

shangazi
rakgadi

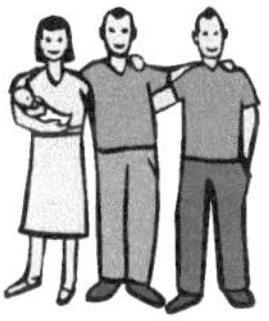

mjomba
malome

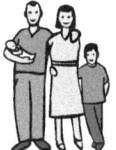

kaka
abuti

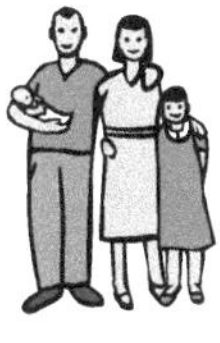

dada
sesi

mwili
mmele

paji la uso
phatla
jicho
leihlo
bega
magetla
kidole
monwana
uso
sefahlego
kidevu
seledu
mkono
seatla
matiti
letswele
mguu
leoto
mkono
letsogo

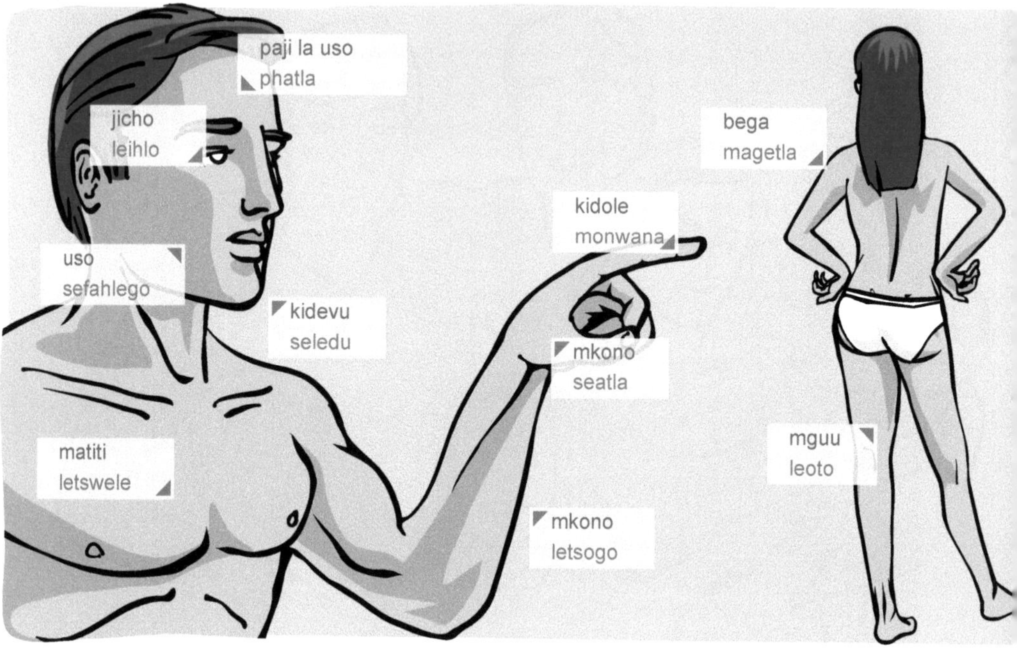

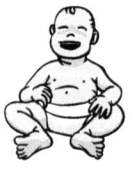

mtoto
ngwana

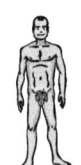

mwanamume
monna

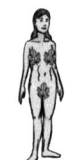

mwanamke
mosadi

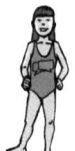

msichana
kgarebe

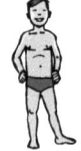

mvulana
mošemane

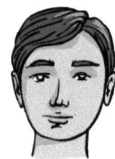

kichwa
hlogo

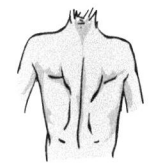

nyuma
morago

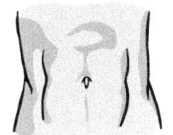

tumbo
mokhaba

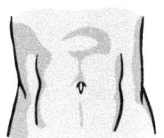

kitovu
mokhubu

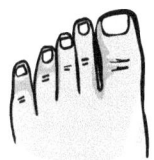

chano
monwana

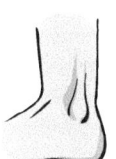

kisigino
tlhako

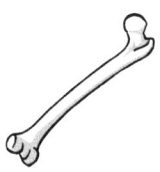

mfupa
lerapo

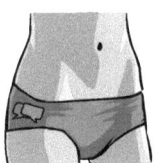

nyonga
matheka

goti
leoto

kiwiko
khuru

pua
nko

chini
tlase

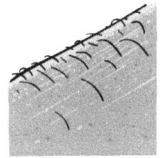

ngozi
letlalo

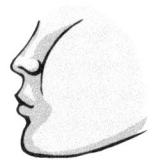

shavu
lerama

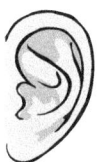

sikio
tsebe

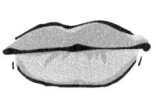

mdomo
molomo

kinywa
molomo

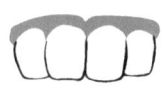

jino
leino

ulimi
Leleme

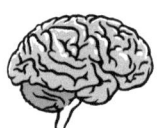

ubongo
bjoko

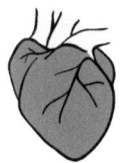

moyo
pelo

misuli
segoba

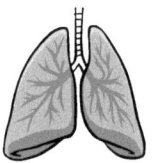

pafu
maswafo

ini
sebete

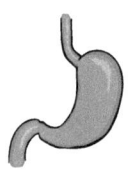

tumbo
mala

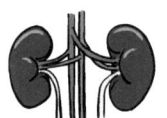

figo
diphsio

jinsia
thobalano

kondomu
condom

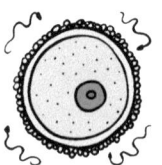

ovari
Ovum

shahawa
matshedi

mimba
go ima

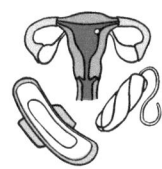

hedhi

go bona kgwedi

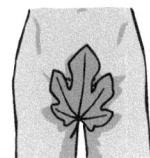

uke

setho sa bosadi

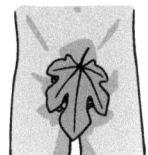

uume

setho sa bonna

unyusi

dintši

nywele

moriri

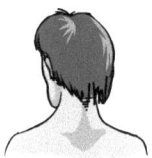

shingo

molala

mwili - mmele

hospitali
sepetlele

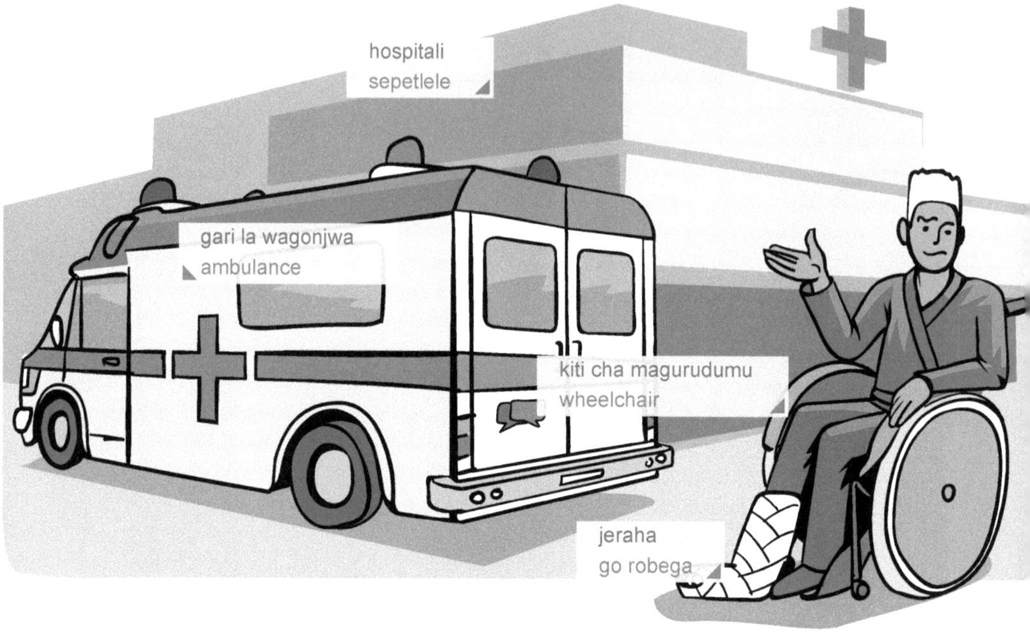

hospitali
sepetlele
gari la wagonjwa
ambulance
kiti cha magurudumu
wheelchair
jeraha
go robega

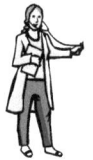

daktari
ngaka

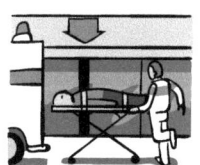

chumba cha dharura
phapoši ya tša tšhoganetšo

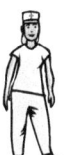

muuguzi
mooki

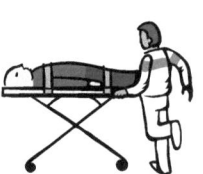

dharura
tšhoganetšo

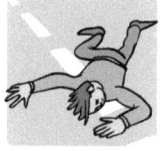

kupoteza fahamu
go idibala

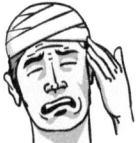

maumivu
bohloko

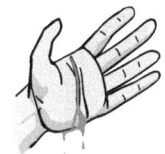

kuumia

go gobala

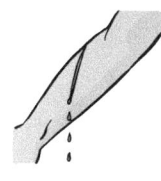

kutokwa na damu

go tšwa madi

mshtuko wa moyo

bolwetši bja pelo

kiharusi

setorouko

mzio

ge mmele o ganana le dijo

kikohozi

go gohlola

homa

go gohlola

mafua

sehuba

kuharisha

letšhollo

maumivu ya kichwa

go opa ke hlogo

kansa

kankere

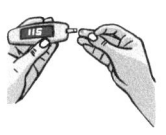

ugonjwa wa kisukari

swikiri

daktari mpasuaji

mmui

kisu kidogo cha kupasulia

thipa ya scalpel

operesheni

go bulwa

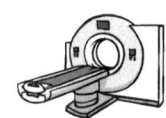

picha changanufu ya mwili

CT

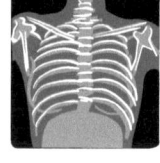

Eksrei

x-ray

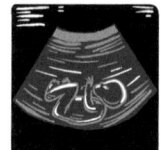

mawimbi sauti

ultrasound

barakoa ya uso

sethiba sefahlego

ugonjwa

bolwetši

chumba cha kusubiri

phapoši ya go leta

mkongojo

lehlotlo

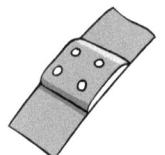

plasta

sedirišwa sa plaster

bendeji

lešela la ntho

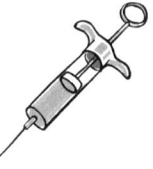

sindano

nalete

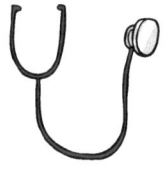

stetoskopu

sthehosekoupo

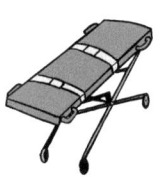

machela

seteretšhara

kipimajoto cha kliniki

themoketha ya kgathelelo

kuzaliwa

go belebga

unene kupita kiasi

mmele o mogolo

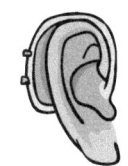

kusikia misaada

sethuša ditsebe

kipukusi

disinfectant

maambukizi

twatši

virusi

baerase

VVU / UKIMWI

HIV / AIDS

dawa

dihlare

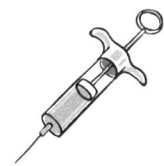

chanjo

tlhabelo ya go thibela malwetši

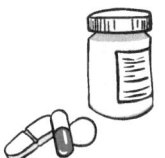

vidonge

dipilisi

kidonge

pilisi

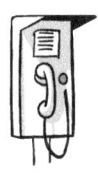

simu ya dharura

mogala wa tšhoganetšo

haemodainamometa

sehlahlobi sa pelo

mgonjwa / mwenye afya

go babja / phetše gabotse

Msaada!
Thušo!

kengele
alamo

pigo
go tšhošetšwa

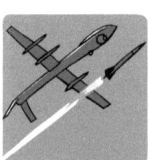

shambulizi
tlhaselo

hatari
kotsi

lango la dharura
go tšwa ka tšhoganetšo

Moto!
Mollo!

kizima moto
setimamollo

ajali
kotsi

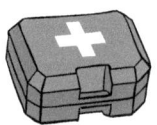

vifaa vya huduma ya
kwanza
first-aid kit

wito wa msaada
SOS

polisi
maphodisa

Ulaya

Yuropa

Amerika ya Kaskazini

Amerika Bodikela

Amerika ya Kusini

Amerika Borwa

Afrika

Afrika

Asia

Asia

Australia

Australia

Atlantiki

Atlantic

Pasifiki

Pacific

Bahari ya Hindi

Lewatle la India

Bahari ya Antaktiki

Lewatle la Antarctic

Bahari ya Aktiki

Lewatle la Arctic

Ncha ya Kaskazini

North Pole

Ncha ya Kusini

South Pole

Antaktika

Antarctica

dunia

Lefase

nchi

naga

bahari

noka

kisiwa

island

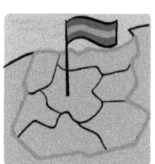

taifa

naga

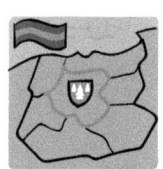

jimbo

state

uso wa saa

sešupanako sa dinomoro

akrabu ya saa

diiri tša sešupanako

akrabu ya dakika

metsotso ya sešupanako

akrabu ya sekunde

metsotswana ya
sešupanako

Ni saa ngapi?

Ke nako mang?

siku

letšatši

wakati

nako

sasa

gona bjale

saa ya dijitali

sešupanako sa dinomoro

dakika

metsotso

saa

iri

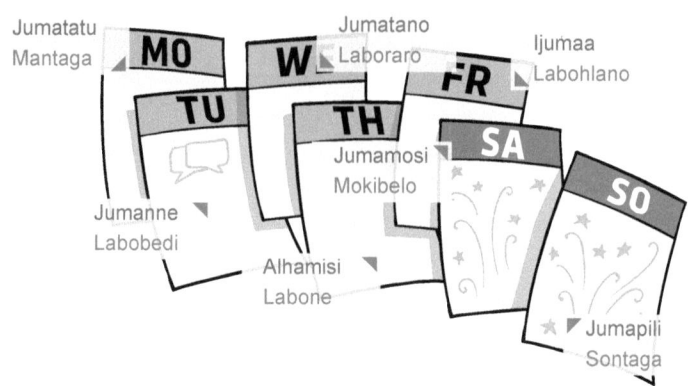

Jumatatu / Mantaga — MO
Jumatano / Laboraro — W
Ijumaa / Labohlano — FR
TU
TH
Jumamosi / Mokibelo — SA
SO
Jumanne / Labobedi
Alhamisi / Labone
Jumapili / Sontaga

jana

maobane

leo

lehono

kesho

ka moswana

asubuhi

mesong

saa sita mchana

Thapama

jioni

mantšiboa

siku za biashara

matšatši a kgwebo

mwishoni mwa wiki

mafelobeke

mvua
pula

upinde wa mvua
molalatladi

theluji
lehlwa

upepo
phefo

majira ya machipuko
seruthwane

vuli
lehlabula

kiangazi
selemo

majira ya baridi
marega

4.APRIL	11°	☀
5.APRIL	4°	⛅
6.APRIL	13°	☔
7.APRIL	8°	☀
8.APRIL	10°	☀

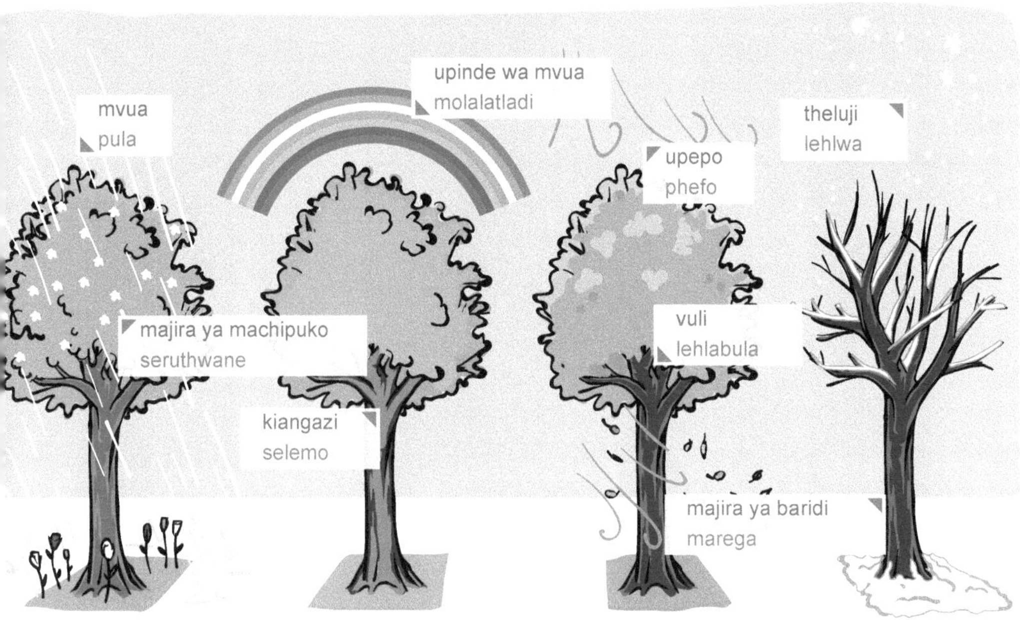

utabiri wa hali ya hewa

tsebišo ya leratadima

kipimajoto

thermometer

mwanga wa jua

mahlasedi a letšatši

wingu

maru

ukungu

kgudi

unyevu

go koloba

umeme

legadima

radi

legadima

dhoruba

ledimo

mvua ya mawe

sefako

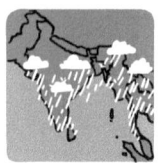

monsuni

ledimo

mafuriko

lefula

barafu

lehlwa

Januari

January

Februari

February

Machi

March

Aprili

April

Mei

May

Juni

June

Julai

July

Agosti

August

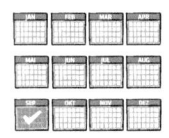

Septemba
....
September

Oktoba
....
October

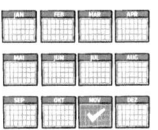

Novemba
....
November

Desemba
....
December

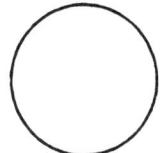

mduara
....
nthokolo

mraba
....
sekwere

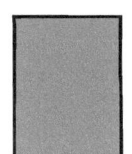

mstatili
....
rectangle

pembetatu
....
theraekele

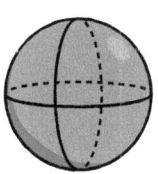

nyanja
....
nthokolo

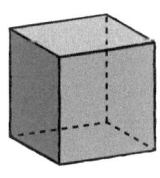

mchemraba
....
cube

nyeupe

tshweu

manjano

kheri

chungwa

namone

rangi ya waridi

pinki

nyekundu

khubedu

hudhurungi

phepholo

bluu

pududu

kijani

tala

hanja

tshehla

jivujivu

kerei

nyeusi

bontsho

mengi / kidogo

:še dintši / tše dinyenyane

hasira / pole

befetšwe / theotše maswafo

nzuri / mbaya

botse / befile

mwanzo / mwisho

mathomo / mafelelo

kubwa / ndogo

kgolo / nyenyane

angavu / giza

seetša / leswiswi

kaka / dada

abuti / sesi

safi / chafu

hlwekile / ditšhila

kamilika / tokamilika

feletše / ga se e felele

siku / usiku

mosegare / bošego

wafu / hai

hwile / o sa phela

pana / nyembamba

go bulega / go tswalelega

kulika / kutolika

e a jega / ga e jege

ovu / ema

bobe / go loka

sisimkwa / udhika

mahlahlo / go tšwafa

nene / nyembamba

bokoto / bosese

kwanza / mwisho

mathomo / mafelelo

rafiki / adui

mogwera / lenaba

jaa / tupu

e tletše / ga e na selo

ngumu / laini

tiile / e bonolo

nzito / nyepesi

ya roba / e bobebo

njaa / kiu

tlala / mokhoro

mgonjwa / mwenye afya

go babja / phetše gabotse

haramu / kisheria

ga e molaong / e molaong

akili / kijinga

bohlale / lešilo

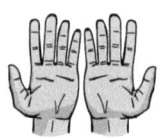

kushoto / kulia

le letshadi / le letona

karibu / mbali

kgaufsi / kgole

mpya / kutumika

mapsha / e dirišitšwe

kitu / jambo

selo / se sengwe

zee / changa

motšofadi / mofsa

waka / zima

laeta / tima

wazi / fungwa

bula / tswalela

utulivu / kelele

homola / rasa

tajiri / masikini

go huma / go diila

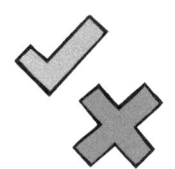

sahihi / kosa

e lokilego / e sa lokago

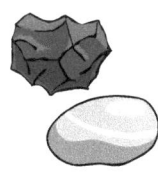

mbaya / laini

makgwakgwa / go thelela

huzunika / furahia

go nyama / go thaba

fupi /ndefu

mokopana / motelele

polepole / haraka

go nanya / go kitima

nyevu / kavu

go koloba / go oma

joto / baridi

borutho / go tonya

vita / amani

ntwa / khutšo

0	**1**	**2**
sufuri	moja	mbili
nnoto	tee	pedi

3	**4**	**5**
tatu	nne	tano
tharo	nne	tlhano

6	**7**	**8**
sita	saba	nane
tshela	šupa	seswai

9	**10**	**11**
tisa	kumi	kumi na moja
senyane	lesome	lesome tee

12

kumi na mbili

lesome pedi

13

kumi na tatu

lesome tharo

14

kumi na nne

lesome nne

15

kumi na tano

lesome tlhano

16

kumi na sita

lesome tshela

17

kumi na saba

lesome šupa

18

kumi na nane

lesome seswai

19

kumi na tisa

lesome senyane

20

ishirini

masomepedi

100

mia

lekgolo

1.000

elfu

sekete

1.000.000

milioni

milione

Kiingereza

Seisemane

Kiingereza cha Marekani

Seisemane sa Amerika

Kimandarini cha Uchina

Sechina sa Mandarin

Kihindi

Sehindi

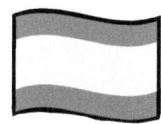

Kihispania

Spanish

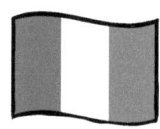

Kifaransa

Sefora

Kiarabu

Searabic

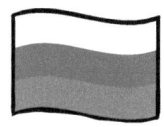

Kirusi

Serašia

Kireno

Sepotokisi

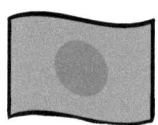

Kibengali

Sebengali

Kijerumani

Sejeremane

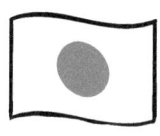

Kijapani

Sefapane

mimi
Nna

wewe
wena

yeye / yeye / ni
yena / yona

sisi
rena

wewe
wena

wao
bona

nani?
bomang?

nini?
eng?

jinsi gani?
bjang?

wapi?
mo kae?

lini?
neng?

jina
leina

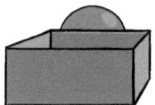

nyuma

ka morago

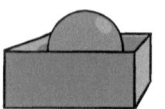

katika

go

mbele ya

kgaufsi le

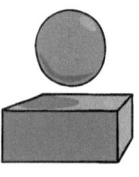

juu ya

godimo ga

kwenye

go

chini ya

ka tlase ga

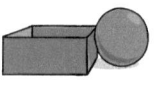

kando

ka lehlakoreng la

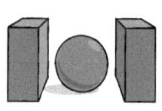

kati

magareng ga

mahali

lefelo